人間の条件解説書

うたで綴る人生の指針

後閑　始　著

創英社／三省堂書店

石門を　抜けて更なる
獣道《けものみち》
苦婆婆《くしゃば》を妙技で　切り拓《ひら》き往く

数字歌
（八万三千八　三六九三三四四　一八二
四〇二五五六八　一十四五一〇）

【生き抜くは　我が人生】

上州・妙義山
（著者筆）

山路《やまみち》は
寒く淋しよ
一家に
偲ぶ心は
愛しい人を！

まえがき

【俺って一体何なんだ、人間だったらどうすりゃいいんだ】

人間は生存の各段階において、生きるための条件は幼児、少年、青年、成年、壮年、老年等で異なります。人間は、苦娑婆に生活があります。本書ではそこで生き抜くための心の悟りを、個人が生き抜くための必須条件として、私なりにまとめてみました。従来は格言、俚諺、儒学や菜根譚、世界の名言集等々を立派な金言、短句、俗語録などとして記述してきました。

本書では、これらの言葉と併せ、私の著作の説明文を、和歌に組み込んでみました。五、七、五、七、七の五句三十一音の、リズミカルな大和和歌《やまとわか》として、読者皆様に容易に理解して頂けるようにと考えてみました。その数は全部で約八百余首ですが、我流であることを最初にお断りしておきます。

本書内容の数首については、各種書籍を参考にさせて頂きました。著者の皆様方には、厚くお礼申し上げます。お蔭様で、「人間」への理解を深めることができました。

【和歌は在原業平や藤原定家卿の連歌等により、皇紀約千年頃から万葉集、伊勢物語、古今和歌集、百人一首などの中で歌われてきました。和歌は「心の通信文」として扱われ活用されてきました】

①　和歌として　話しの心　リズム化し
　　　人に伝えて　聞いて頂く

②　上《かみ》の句を　下《しも》の句応《こた》え　三十一《みそひと》の
　　　心の奥ぞ　天に通ずる

これは本書における、著者としての願いです。

『**人間の条件**』とは、

人間が生存する以上、人類の「繁殖、繁栄」させなければならないという「使命」とともに、この世に生まれ出た人として果たさねばならない具体的な義務・憲章が「人間の条件」であります。一口で言えば、子供を育て、子孫を増やし、子孫のために世の中を善くし、そして世のために尽くすことです。そのためにどうするかを説いたのが本書です。

多少でも、この趣旨を御理解頂き、御愛読頂ければ幸甚です。

【人生には、生まれながらにして実行すべき絆が仕組まれている。】

人間の条件の真髄（生命生誕の人間に課せられた使命。人類の子孫が「繁殖と繁栄」の使命を果たす、という大憲章のこと）は、お互いがお互いを愛し合い繁殖するということです。したがって他を傷つけることは最大の罪悪であります。

生命は、天地自然の現象により、元素が熱と光合成によって鉱石の元素の中に息吹が吹き込まれて誕生しました。それが数十億年の進化と努力によって一億種類の生物へと発展しました。私たちはその中の最高の能力を持った人類の遺伝子を受けて「人間」として誕生することが出来た尊い存在なのです。

しかるに現状においては、人間の条件の真髄（繁殖・繁栄）を勘違いした操行の狂った人の行動により、環境や世情が悪化しています。我々は人類です。立派な人間はたくさんいます。しかし中には、自分が何者であるかもわからず知らず、また自らが何をすればよいのかを知らずして、他人の尊さにも気づくことなく、無法、無謀な傷害、殺傷事件を頻発させています。

さらに嘆くべきことには、人の上に立つ指導者が、「人間が生きるための尊い生命の条件」も解らず、我欲のために、集団的な殺人行為を堂々と行っていることです。

テロ集団、よこしまな宗教家、某国の支配者等々は、誠に嘆かわしい問題です。ですから組織の指導者たるものは、人間は何のために生存しているのか、お互いに何をすべきなのか、人間個人の各所における運命の格差をいかに為すべきか等々を考え行動しなければならないのです。そして、よく「人間としての条件」を心得たものでなければ、複数の人間を支配することは絶対にしてはならない行為であると信じます。人々を支配する立場にあるものは、「人間の条件」に徹しなければなりません。

私は宗教家ではありません。

私は思想家でもなく、哲学者でもなく、政治家でもありません。ただ、現状における人間の営為に、人間としてあるまじき行動をする人たちに対して、尊い人間同士が生き抜くための心と、「人間としての条件」を身につけて欲しいということと、大自然が与えた人間の使命即大憲章「人間の繁殖、繁栄」を果たすべく、相互に助け合い信じあえる社会の実現を望んで執筆致しました。

私について、あえて言わせて頂くならば、知る人ぞ知る「小さな発明家」なのです。

単なる自慢話ではありませんが、昭和三十九年（一九六四年）東京オリンピックが開催され、同年、夢の東海道新幹線が開通致しました。私は同年初期、電車の運行に最も重要な「架線試験車」を発明致しました。当時、東京大学のカッパーロケット専門家の丹羽博士や国鉄技術研究所の協力もありました。現在、全国の電車のほとんどは、この試験車によって運転が可能とされています。また、平成十年（一九九八年）には、携帯用人工呼吸装置「ラッキーマウス」を開発し、全国発明コンクールに入賞し、県知事賞も頂きました。そして石原東京都知事から東京都での販売も承認されました。他には「地震《じしん》感振器《かんしんき》」等々の発明があります。

話を元に戻しましょう。

本書で特筆すべき「人間の条件」は、人間個人が人間として生きぬくための心得であり、正しくして、よい人間環境を造るということなのです。私なりの心情を「人間の条件」として、和歌に託しました。和歌は日本の古《いにしえ》より、心情や意思を人に伝えるための表現方法であります。金言や名言等を和歌に託して、皆様の心に伝えるという便法も一種の私の「アイデア」としてお考え頂ければ幸いです。

本書に登場する数値は、私の記憶によるもので概数です。また、内容も虚構を多用しています。御容赦ください。

皆様に愛読され、生きるための心得として頂ければ、幸甚です。

「出版にあたって」

人間の条件〈人間て何なんだ!〉解説書　著者　後閑　始

本書は、人間条件の根源開発本であり、世界最初の傑作品となってしまいました。

従来から「人間とは何であり、何の為に生まれ、何を為すべきか等など!」に就いての人間条件は明文もなく、不可思議なる事象として扱われている程度でした。故に「俺は何だ!」と尋ねれば「俺こそ何だ!」のオーム返しの言葉が返る。

2007年出版、「人間：この未知なるもの」　著書アレキシル・カレル（ノーベル生理：医学賞受賞）氏も、人間条件の解説書は出版されなかった。

「人間の条件―解説書」出版の経緯

人間の条件＝「人間」として成立する為の必要な事柄。

憲章＝重要な「おきて」や「法則」。

1．1940年代＝著者―小年時代の検索

（1）山本　有三　著〈人間の条件〉　自叙伝。

（2）アンドレ・マルロウ著〈人間の条件〉　自叙伝。

（3）モーパッサン　著〈女の一生〉　自叙伝。
2．1980年代＝著者—壮年時代の検索
（4）五味川　純平　著〈人間の条件〉　自叙伝。
3．2007年代＝著者—老年時代の検索
（5）アレキシル・カレル著〈人間：この未知なるもの〉　人間条件の解説＝不可能。
（ノーベル生理、医学賞受賞）人間を条件ずける事は不可能の著書を出版した。

目次

まえがき

【人間の条件】……………………………… 1
人間の条件を基盤として生きる道

第一章　俺って何なんだ！…………… 5
What am I !

第二章　宇宙の起源と展開（宇宙の構成）……… 13
㈠銀河宇宙の誕生
㈡太陽系の誕生
㈢宇宙の構成

第三章　生物、人間の起源と誕生………… 25
第一条　人間としての生命尊厳の条件

第四章　寿命と運命……………………… 41
第二条　寿命と運命を正しく生きる条件

第五章　人生すべて独身（天上天下唯我独身）…… 55
第三条　独身に生きる条件（独身としての正体を活かす）

第六章　「心」は人生のすべてを活《い》かす（天上天下唯我独心）……81
第四条　独心の正体を活した正常な心を培《つちか》う条件
第七章　人間の基本的条件（人類繁殖・繁栄の義務）……137
第五条　人類繁殖・繁栄の条件（大憲章《マグナカルタ》）
第八章　家族制度（家訓に生きる）……157
第六条　人生は家族制度に始まるという条件
第九章　義務教育及び成人指導……175
第七条　義務教育・成人のための条件
第十章　道徳の学び……207
第八条　道徳心に徹する条件
徳器を成就する
第十一章　常識を活かす……309
第九条　常識の社会に生きる条件
第十二章　人間の一生　実践編……337
人間の条件　実践録
第十三章　結び……385

【人間の条件】

人間の条件→すなわち人間の使命は「人類の繁殖と繁栄」にあります。人々はこの世に生命を預かり誕生した以上、この課せられた権利義務を全うし果たさなければなりません。人が苦娑婆を生き抜く中で、これを何時いかように果たすべきかの思索、方策が「人間としての条件」です。

ウォット、アム、アイ！
俺って　何なんだ！
What　am　I！

「俺は、何なんだ！なんで人間なんだ！なんで孤独なんだ！人間だったらどうすりゃいいんだ！」誰もが迷う、人の生き様である。

「己」は、単身単独かつ独心である。ただし人間は生物の頂点に立って生存活動をする生き物である。

生物が生存活動を営む地球は、約四十五億年前、銀河系内ブラックホールの爆発により、小宇宙に形成された太陽系内の惑星として出現した。

そして生物は、地球の元素と、太陽の光エネルギーと、熱による化学的現象により約三十五億年前に、奇跡的に生命の息吹《いぶき》をもったシアノバクテリアとして湧出し、誕生した。

この一つの生命の息吹ある生物が、生物の開祖である。とにかく、「生物」が誕生したのである。

この一つの単細胞生物が、三十五億年に亘り一億種類にもなって、進化発展を遂げた。そこには、生物が繁殖すべき「大原則」が培われてきたからである。

その大原則とは「生物はいずれの種類においても、「種族の繁殖と繁栄」に尽くさなければならない」という、大きな使命のことである。

「種族の繁殖」ということは、子宝を継続させ、善い子を育てて、人類を繁殖させることである。単細胞生物には単なる分裂に因り繁殖するものもある。

「種族の繁栄」ということは、子孫が和やかに楽しく幸せな楽園で生活出来るよう、人類の社会を繁栄させなければならないということである。子孫が傷つかず健康に生長することである。

子孫の繁殖と繁栄に貢献するという二つの大きな使命のために、誕生するのが人間である。そして誕生した以上は人間としてこの使命を果たさなければならない。

しかしながら「人間の生存」には、さまざまな妨害が立ちはだかっている。天災、弱肉強食、異なる種族間の生存競争、人間同士の心の葛藤、人間の色と欲心、人類間の生存競争があり、この六十数億人もひしめく地球上の人間が生存する生活の中で、人間同士がお互いに苦しめ合っている。

このような「苦娑婆」にありながら、この生存と葛藤の苦しみの根源を打破し、苦娑婆から脱却して「人間本来の姿」となって、その果たすべき大使命「人類子孫の繁殖と繁栄」を全うするのが、人間各自の、条件であり義務なのである。

一人一人の孤独な個人が生存する苦娑婆の苦しみに対し、人類生存を脅かしたり、妨害、阻止への根源を断ち切って、明るく、正しい「人類の繁殖と繁栄」のために、そして人間同士において、お互いが、お互いを、助け合い、信じ合い、喜び合える人生を送られることを切に願う。

③ 人生は　自《おの》れが我《わ》れを　造るもの
相互に援《たす》け　幸《さち》の世つくろう

④

人類は　絆の身内で　隔《へだ》てなく　条件護《まも》りて　世界は家族

（条件＝人間の条件「人類の和合・人類の繁殖繁栄」の意。）

【人類は、全て一体】

「八十寿重陽節祝賀会」における
中国大文化人「杉谷先生の訓え」

宇宙人類、生命の心は一つ

文化を求め世界の和合に羽博《はばたく》たく！

墨の芸術は、日本、中国が誇る世界的遺産！

（2008年9月9日、於・東京セントラル美術館）

手作りの金盃を恵贈される

杉谷隆志八十寿重陽節祝賀会

二十一世紀

後関　始（松尾右翠さんの叔父）

先程八十才云々といっていましたがそんなものじゃない。米寿・卒寿・白寿と八十才はまだ八合目です。二十年も三十年も頑張って頂きたい。こんな嬉しいことなので隆志のこころざし、楠正成の歌をやります。

ハーモニカ演奏

（♪　青葉茂れる櫻井の……♪）と演奏。手製の金杯、発明品などを贈呈される。

主催　杉谷隆志八十寿回顧墨画展実行委員会

後援　社団法人日本中国友好協会
日本中国文化交流協会
中華人民共和国駐日本国大使館文化部
財団法人日中友好会館
上海市対外文化交流協会
中国少数民族美術促進会
上海大学美術画院
上海市黄浦学院
財団法人日本通信美術学園
日本墨美会
馬駿水墨画会
全日本水墨画家連盟
全日本中国芸術家連盟
NPO法人日本・嶺南聯誼協会
㈱可成屋
㈱技術評論社
㈱カルチャー
㈱加藤文明社

中国大使館文化部一等書記官　何静

今日は杉谷先生の八十寿記念の回顧墨画展に出席することが出来て大変うれしく思います。文化部を代表して心よりお祝い申し上げます。おめでとうございます。今年は中日平和友好条約締結三十周年、中日両国青少年交流の年、北京オリンピックの年、この記念の年に杉谷先生のこのような大きな展覧会は極めて意義あるものと思います。

先生は絵画を通して中日の文化交流に多大な貢献と努力をなさいました。今さっき会場をまわり先生の作品をみせていただきました。筆をもって中国の山河をお描きになった先生の努力に感心いたしました。この展覧会を開くために多大な努力と積極的な協力をしてくださいました主催者、先生、関係者の方々に感謝申し上げます。

日中文化交流協会事務局長　中野暁

杉谷先生が傘寿を迎えられ、素晴らしい展覧会を開催されたことに心からお祝い申し上げます。日中文化交流協会は発足して五十年、私は三五年この仕事をしてきました。当初から杉谷先生が芸術創作、又、日中交流の面で尽力されていることを知っておりました。以来、今日まで一貫して芸術を通して友好を促進されたことはそのこと自体素晴らしいことで心から敬意を表します。

中国では八の字が大変縁起のよい数字とされています。オリンピックも八月八日。多分次は八十八ではないかと期待しています。杉谷先生の今後の活躍と一層のご健勝をお祈りします。

上海市黄浦画院院長　胡振郎

（司会　胡振郎先生はわざわざ上海から駆けつけてくださいました。奥さま、お嬢様、お孫さんもご一緒に家族ぐるみでいらしてくださいました）

私は杉谷先生の友達、だから皆さんは全員私の友達です。杉谷先生は八十歳になられました。八十歳の個展をされるという事で楽しみに上海から来ました。心から祝賀申しあげます。

私と杉谷先生は一九八二年上海で知り合いました。それからずっと良い交流が続いています。私は中国で、杉谷先生は日本で共に良い芸術交流をして参りました。日中の芸術交流に私と杉谷先生は貢献してきたと思っています。最後に杉谷先生の健康と先生の長寿を祈り、更なる前進をはかってまいりましょう。

人間の条件を基盤として生きる道

第一章　俺って何なんだ！

What《ウォット》 am《アム》 I《アイ》！

摩訶不思議な宇宙に生れた「私」である。いったい俺って何なんだ。どうして生命があり、何のために生まれたんだ、どうすりゃいいんだ。地球って何だ、宇宙の星空って何だ、星空を包む宇宙とは何だ、詳しく教えてくれ！

⑤　無限《むげん》なる　宇宙に生まれ　現実の　夢幻《むげん》生き抜く　俺何なんだ

まず己の先祖を知ろう、生物の起源を知ろう、宇宙を知ろう、己が何で出来ているかを知ろう、どうすりゃいいんだを知ろう。そのために、人間としての条件は出来た。条件とどう向き合って生きればいいのだ。

紺碧の宇宙は、涯《はて》しなく無限に広がる。その広がりは、人類の英知を結集しても量り知れるものではない。その大宇宙の中に煌《きら》めく一部の小宇宙もまた膨大である。それら数千万の小宇宙の一つの恒星・

太陽系の太陽に誘導される地球という惑星に飛来して降り生れたのが、我が存在である。食事して水を飲んでりゃ、目が見えるし手足が動く。眠れば死んだと同じ様《さま》、目覚めれば生きて動き出す。摩訶不思議なる生命を頂き、摩訶不思議なる余技に満ちた世界で、摩訶不思議なる人道を進む。今の地球には一億種類の生物が存在し、全てが弱肉強食の生存競争の中で各種各様の生き物が命をかけて生きている。一億種類の生物の一億分の一の人類が、数十億人に膨れ上がって、生存しひしめき合って生きている。

俺とは一体何なんだ！何のために生きている。どうすりゃいいんだ！

「俺とは何だ」と尋ねてみれば「俺こそ何だ」とオウム返しの返事が返る。

人間界には数十億人が生存するが、雌雄男女の異性二種の世界である。自ずと知れた世界が生ずる。

【人間は各個人全て単身で、また独心で生まれた。故に各自は天上天下唯我独尊となる。この世に独身で生を受けて、「子孫繁殖・繁栄」の使命条件を持って誕生した】

⑥　人間は　リサイクルして　繁殖し
時代と共に　繁栄と化す

⑦　人間は　DNAの　バトンにて
親から子孫へ　進化継続

〔人生は、リサイクルして、繁殖&繁栄を図る〕

（親から我・我が子へとDNAのバトンを継承していく）

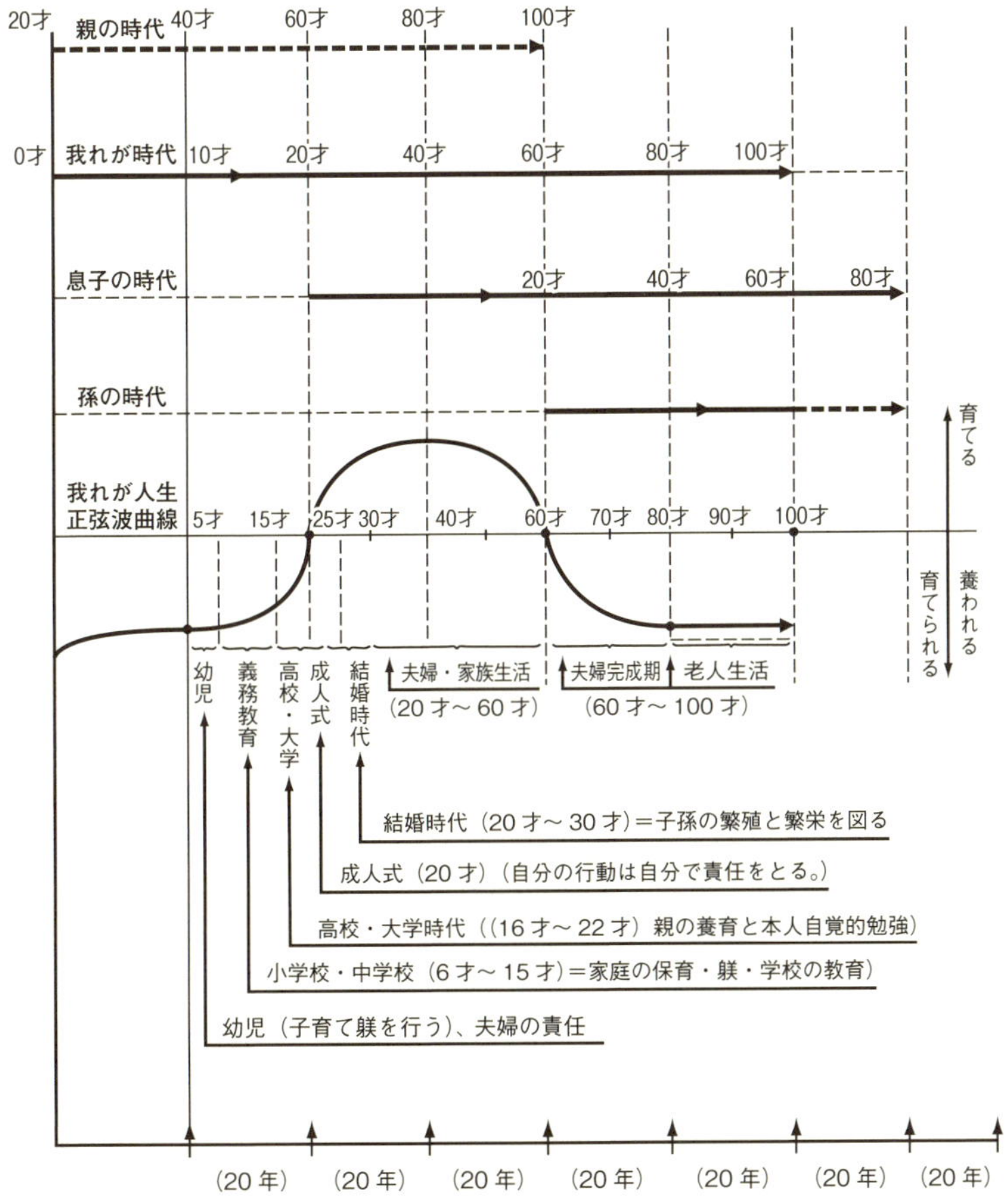

⑧　我れ独身　天上天下　独心で
我が生きる道　我に始まる

人類数十億は全て単身単独で己の身体で行動する。また心も我のみの孤独なものであり、この心こそ奇想天外な生き物で、善ともなれば悪にも化身する。無限なる宇宙よりも大きく広がるかと思えば、また原子核より小さく縮む。我が間脳が馭《ぎょ》するには厄介な代物である。これらを磨かなければ人にはなれない。磨く心こそが「人間条件の因《もと》」である。

人間の条件とは、

この社会を「いかに生きるか」「いかに進むか」「自分自身を人間としていかに裁くか」が人間の条件であり、生きていくために、人に迷惑をかけず、己を楽しく幸せにしていく道が人間の条件である（すなわち、子孫の繁殖と繁栄を図るのが主な目的である）。

【我れ天上天下唯我独身にして、独身故に発展の兆しあり】

⑨　我れ在りて　世界が見えて　世がありて
我れ生きられて　幸《さち》の世造る

【心は我のみのものにて、我が活動の源であり、限りなく変心する。理性・間脳《かんのう》により善悪の境地に達するものである】

⑩　心とは　千変万化の　怪物で
　　夜叉《やしゃ》となったり　菩薩《ぼさつ》となったり

【一億種類もの生物は、三十五億年前の発生以来、各種ともに繁栄、繁殖を図りつつ生存している。したがって生物のほとんどは、繁殖、繁栄の遺伝という煩悩をもって生存している】

⑪　動物は　生まれ落ちると　身を護る
　　人間二十才《はたち》で　漸《よう》く《や》成人

超多細胞の万物の霊長たる人間は一人前になるまでに人生の二割、すなわち二十年もかけて、身体と知能と心を育て上げる。弱肉強食の世界に住む動物は、生まれたその瞬間から四つん這いに立ち上がり、乳房に飛びつき、さらに外敵が来たら逃避出来る仕組みになっている。

幸せなる人間は、一本立ちする成人になるまで躾やら義務教育やらを、両親が骨身を削ってほどこしながら、育てあげるのである。

寿命の二割の期間が、養育の場と考えられている人間様は、のんびりとゆったりと子孫の繁殖、繁栄の条件を造り上げる。

改めて、人間に生まれた有難さを　噛み締めなければならない。

⑫　**死ぬよりも　辛い場合が　あるなれど**
生きねばならぬ　これが人生

⑬　**生き物は　森羅万象　悉《ことごと》く**
種族の繁殖　繁栄に生く

【人間の子孫繁殖、繁栄の条件には、快楽の褒賞が課せられている】

⑭　**妻娶《めと》り　快楽を知り　子がうまれ**
梨の木畑（この上なし）に　幸《さち》が重《かさ》なる

「人間の条件」の起源第一は「子孫繁殖、繁栄」にある

この世の中は雄と雌とのたった二種類である。異性の二種が、子孫繁殖、繁栄の使命を持って地球に誕生したのである。快楽を知り、子孫の繁殖、繁栄に努力し、楽園のような幸せな社会を築き、我が喜びを子孫に伝える条件をもって一人一人が人間のために、生存するのが基本的な人権と義務である。

己が大事か人が大事か、とにかくこの世は苦娑婆にて、艱難辛苦《かんなんしんく》がつきものだ。堪忍、忍耐、努力して、もちつもたれつ生き抜き相互に信じ合い、喜び合える社会を作るのが「人間の条件」第一の目的である。

一億種類の生物の、ライオンだって虎だって、キリンだって猿だって、雀だって鷲だって、鯨だって鮫だって、鰯《いわし》だって鮒《ふな》だって、桜だって菜の花だって、マングローブやサボテンだって、みんなみんな生きているんだ幸せなんだ。

しかしながらこの世は弱肉強食、強いものが弱いものを食べて競って生きて我が種を繁殖させる使命をもって戦い抜いている。

植物でさえ、弱肉強食、競いながらもいずれもが、己が種族の繁殖、繁栄を築くために必死になって生きている。

「人間は万物の霊長なり」と威張っているが、人間様の生き様は、頭脳がよくて小利口なため、人のことより我が利に走り、使命としての人類の繁殖、繁栄そっちのけとして、欲をかき、人を泣かせる。小欲とは人を泣かせて奪いとる欲で、世界中を制覇しても、それはほんの小欲にしか過ぎないものだ。大欲とは、困った人を助けたために、有難いと心からのお礼の印を受けるのが大欲で、相互が喜ぶ欲をいう。

人生、常に大欲を望むべきである。

⑧

「人は皆独身・独心を制御して生きている」

我れ独身天上天下独心で
我が生きる道我れに始まる

⑩

「吾が心は間脳により千万なる変化を制御している」

心とは千変化の怪物で
独身となったり菩薩となったり

第二章　宇宙の起源と展開（宇宙の構成）

【天文学者は、宇宙の起源をビッグバンと称し約百三十七億年前の事象としている】

⑮
無限なる　宇宙の一部が　爆発し
煌《きら》めく星座の　宇宙が出来た！

【約四十五億年前、銀河系の一端が爆発（ミニバン）して太陽系が出来た】

⑯
星空の　銀河の尻尾《しっぽ》が　爆発し
太陽とり巻く　宇宙となった！

【約三十五億年前、地球の十二大元素が熱と太陽の光合成により、奇跡的に生き物の息吹きが誕生し、今や一億種類の生き物が弱肉強食の中で生存している】

⑰
太陽の　惑星地球の　元素から
光と熱で　生命《いのち》誕生

【一億種類の霊長として生存する人類は、六〇兆個の細胞遺伝子（ＤＮＡ）を受け継いで子孫を
繁殖、繁栄させ六十数億人となってひしめいている】

⑱　人類は　多細胞なる　元素から
地球を旨《うま》く　活性《かっせい》開発

⑲　何もない　宇宙で爆発　なんだろな
更に宇宙は　爆発膨張

遠い将来、星光宇宙は膨張により消滅するといわれている。

【星の宇宙の年齢は、137億歳】

> 摩訶不思議！＝無限の宇宙では物体の爆発するビッグバンで、天ノ川銀河、アンドロメダ銀河、オリオン星銀河等、星の宇宙が活動し今なお、膨張を続けてるという。

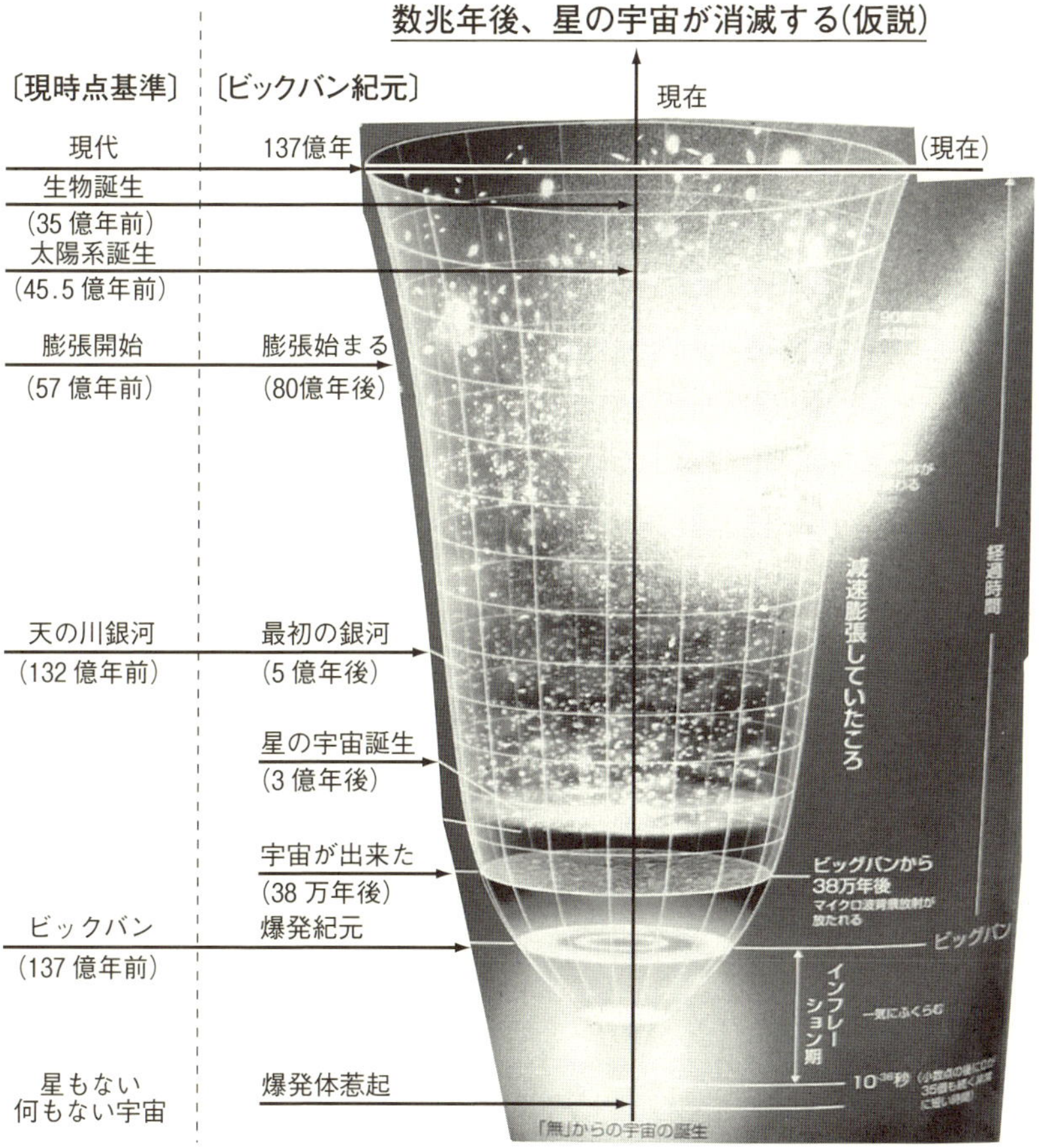

(一)　銀河宇宙の誕生

【活性化した星の宇宙の誕生
不可思議なり。何もない真空宇宙において、何が爆発したのだ】

⑳　星空《ほしぞら》は　数種の銀河が　活動し
数億の星　その数知れず

従来の宇宙には、美しく輝く銀河や星座はなく、何もない無限な真空の状態であった。そこに不可思議なる宇宙物体が湧出出現した。約百三十七億年前、この宇宙浮遊物体の爆発が起こった。この爆発が、現在地球上の天文学者達が唱える、宇宙ビッグバンなのである。

これにより煌めく星の宇宙には莫大なる広域に恒星・惑星が散乱した。北極星に銀河から、南十字星にアンドロメダやオリオン座、獅子座に山羊座に乙女座等、一等星から数等星、その大きさは、約百三十億光年ともいわれている。約二千億兆㎞の直径をもつ体積内に煌めく星宇宙が活動している。

私たちが見る天の川銀河は星が渦巻状に、アンドロメダやその他の銀河は楕円状に拡散している。

〔宇宙の誕生と地球生物の変遷年代表〕

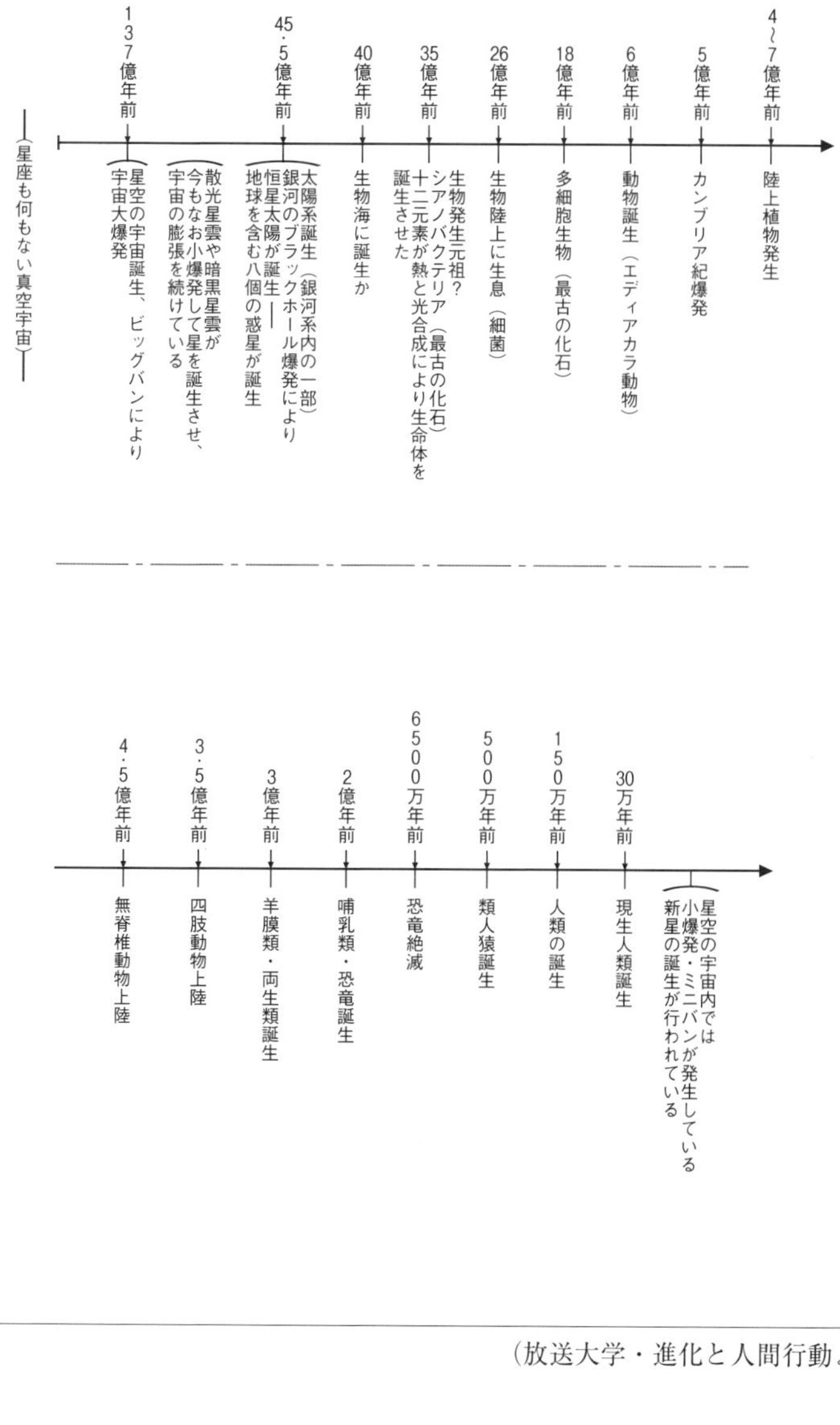

（放送大学・進化と人間行動より）

(二) 太陽系の誕生

【太陽恒星を八惑星がとり巻く小宇宙が誕生した】

㉑ 星空の　銀河の一部が　爆発し
　　太陽とり巻く　宇宙が出来た

約四十六億年前宇宙の銀河系ブラックホールの一部が爆発した。太陽を中心として、水星（〇・〇六）、金星（〇・八二）、地球（一・〇〇）、火星（一・一七）、木星（三一七・八）、土星（九五・一六）、天王星（一四・五四）、海王星（一七・一六）、（括弧内は地球の質量を一として太陽含の比率）の惑星が、自転・公転しながら、太陽系として活動している。

地球の海はこの一億年後に出来たといわれている。

約四十四億年前の話である。

㉒ 銀河系　ブラックホールに　核を持し
　　宇宙爆発　今も続けり

約百三十七億年前のビッグバンで星の宇宙が生れた。約四十六億年前の銀河系ブラックホールの爆発で太陽系の小宇宙が誕生し、惑星・地球に息吹く生物が湧出し、進化の中で人間が誕生した。

数百年前からさらに銀河系やオリオン星座等、宇宙の星雲内ブラックホールの近傍に、星の赤ちゃんが各所に小宇宙を創造してるという。

㉓　**星雲の　ブラックホールも　核を持し**
ガス爆発で　宇宙続出

今や星の宇宙では、小宇宙が量産され、また消滅しているといわれてる。

㉔　**銀河から　生まれ落ちたる　太陽族**
不思議な生物《いきもの》　地球に湧いた

【太陽系の構成】

太陽系は45億年前、天の川銀河の一部爆発にて誕生した。太陽をめぐる惑星は8個と小惑星数十万個から成り立っている。

※図中の数値は、地球質量を1とした数値である
（冥王星は、準惑星と格下げられた）

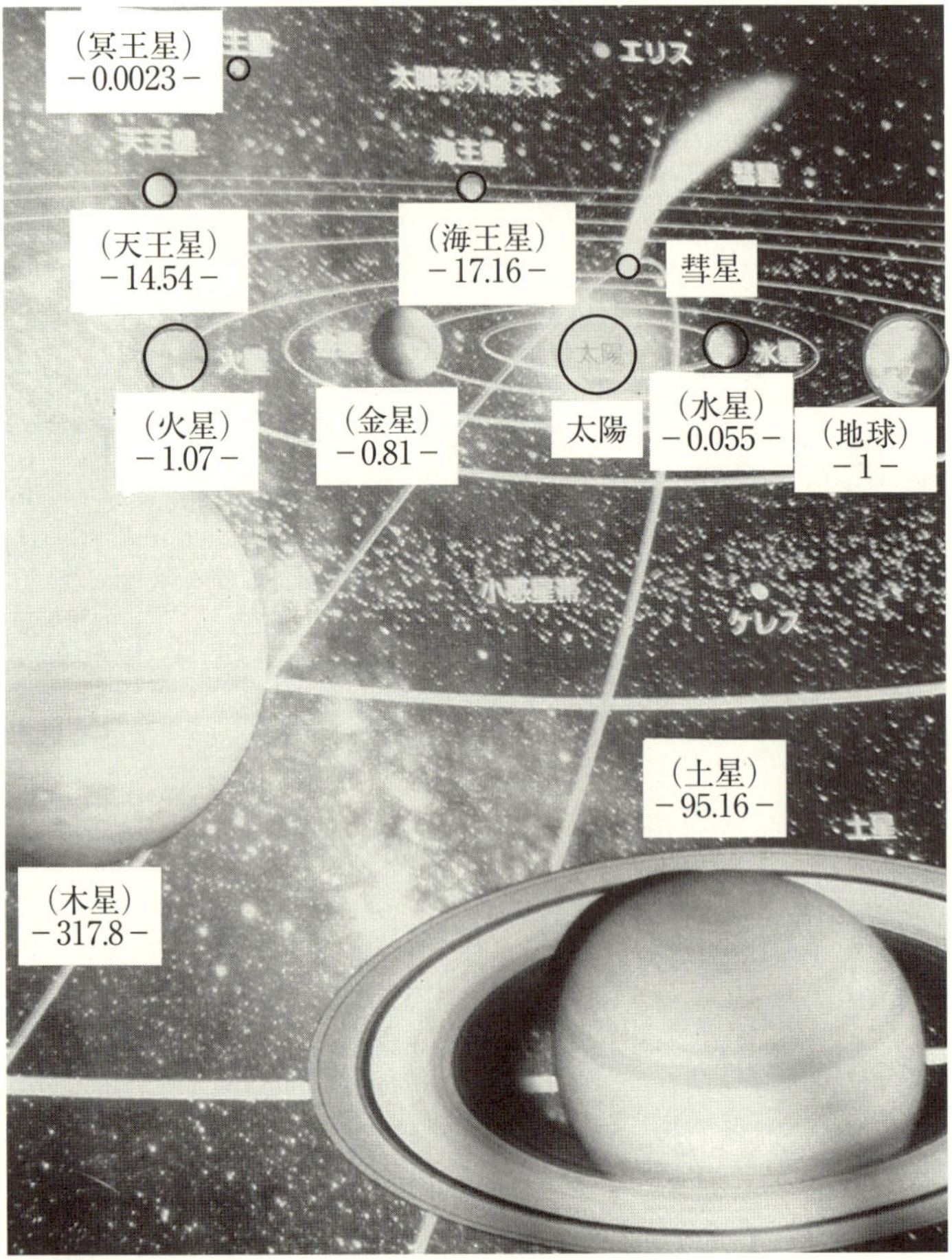

㈢ 宇宙の構成

宇宙は、星の宇宙（天の川銀河等・星座の宇宙）、真空無限の宇宙（星の宇宙を包んで無限に広がる）、太陽系宇宙（太陽を中心として生物を有する地球を含む）の三宇宙に分けて考えられる。

そもそも「真空の無限宇宙」は、美しく煌めく銀河星座の「星の宇宙」を懐《ふところ》にして大きく大きくその先に涯しなく広がり進んでおり、その涯しなさに限りがない。これが真空宇宙なのである。

その限りない無限宇宙の一箇所に、不可思議なる物体が潜在していた。この奇怪なる物体が「星の宇宙の根源である」化学的な現象によって変化した。百三十七億年前にビッグバンを起こしたというが、この爆発により数億個に及ぶ光を放つ恒星群やら惑星群の「星の宇宙」が誕生し形成された。その体積は、直径が約百三十億光年といわれており、距離に換算すると約二千億兆キロメートルという。そこは真空中の物体に外力が加われば、その物体は永久に進行する、という慣性の法則で考えれば宇宙は、永久に拡散することにもなる。

しかし、太陽系の惑星の動きを観測すれば永久に拡散するのではなく、ニュートンの万有引力の法則や、自転・公転に関するケプラーの法則と併せて考えれば直線的に拡散するものではなく、渦巻状や楕円状に拡散することも考えられる。摩訶不思議！。方言で表現すると、びっくらこいた（吃驚《びっくり》）！。おったまげた（魂消《たまげ》る）！。お話だとなる。アインシュタインもこの理論を躊躇したという。

天文学的なこの数字！

今も美しく夜空に煌めく星座や、まばゆいほどに輝く銀河の星、恒星は、太陽のような核融合と燃焼により、光を放ち続けている。星の宇宙の星座や銀河や南十字星、北斗星等、光輝く恒星の全てにおいて太陽と同じ核融合現象が起こっていると思われる。

約四十六億年前において、星宇宙の銀河系の一部が爆発し太陽系誕生のきっかけとなる爆発、ミニバンが発生した。やがて太陽を中心として、七つの惑星がとり巻き太陽系宇宙が誕生した。

さらに、星の宇宙には、すべての物を飲み込むブラックホールが散在し小宇宙を誕生させている模様である。

㉕ あの銀河　こちらの銀河も　渦《うず》・楕円　爆発しながら　膨張してる

【美しき、星空銀河の生態】

大銀河は渦巻状に大回転しながら膨張している。右下の小宇宙も数十億年後には大銀河に衝突して爆発し新星を造る可能性があるという。中には楕円銀河も膨張している。

（放送大学より）

⑮

「宇宙の構成」

無限なる宇宙の一部が爆発し
煌めく星座の宇宙が出来た

⑰

「生命の誕生」

太陽の惑星地球の元素
から光と熱で生命誕生

第三章　生物、人間の起源と誕生

第一条　人間としての生命尊厳の条件

【元素と熱と光合成によって、生命の息吹が涌き出し生命が誕生した】

㉖　太陽の　惑星地球の　元素から
光と熱とで　生命《いのち》が誕生！

地球内部における元素の主な組成は地球の表面から、ケイ素（Si）アルミニウム（Al）↓クロム（Cr）↓鉄（Fe）↓ケイ素（Si）↓マンガン（Mn）↓熱マントル↓中心となる。ちなみに自然元素は、水素（H－1）から始まりウラン（U－92）まで92種類もある。その後の人工元素は、すべて放射性でウンウンビウム（Uub－112）までのウラン系元素が発見されている。

【原子の大きさ】

㉗　大きさは　原子とゴルフの　球の比が
　　　ゴルフと地球の　比率《ひりつ》に対す

主要な十二元素に熱と光合成が反応し宇宙に生き物の息吹が湧き出した。三十五億年前、単細胞シアノバクテリア（RNA―タンパク質を原核とした最古の単細胞）が発生した。生物第一号である。

生物を構成する主要十二大元素とは、水素（H－1）、炭素（C－6）、窒素（N－7）、酸素（O－8）、ナトリウム（Na－11）、マグネシウム（Mg－12）、リン（P－15）、硫黄（S－16）、塩素（Cl－17）、カリウム（K－19）、カルシウム（Ca－20）、鉄（Fe－26）である。括弧内数字は原子番号を示す。

㉘　生物は　元素に熱と　光とが
　　　うまく合成《からみて》　息吹《いぶき》がついた！

【動、植物の生体をつくる主要構成元素と物質】

1. 元素（12大元素によって出来ている）

(1) 植　物＝ H《水素》、C《炭素》、N《窒素》、O《酸素》、Mg《マグネシウム》

（10大元素） P《リン》、S《硫黄》、K《カリウム》、Ca《カルシウム》、Fe《鉄》

(2) 動　物＝植物より、Na《ナトリウム》、Cl《塩素》

（12大元素）

2. 生物構成物質

(1) 水＝H、O

(2) 無機塩類＝Na、K、Mg、Ca、Fe、P、S、Cl

(3) タンパク質＝C、H、N、O、S

(4) 糖類＝C、H、O

(5) 油脂＝C、H、O

(6) 核酸＝C、H、N、O、P

これらの構成物質は60兆個の細胞機能として活用されている

この主要十二大元素によって地球上の動物は構成されて、活発に地球上を活動し生活している。またこの元素から、ナトリウム（Na－11）と塩素（Cl－17）、つまり（Na－Cl）塩化ナトリウム（塩）を抜いたものが多くの「植物」を構成する要素である。

塩の有無によって、ほとんどの生物が、動物、植物に分岐しているのである。動静を司る、塩の偉大さには、全くびっくり仰天である。

象などは、集団をなして岩塩のある山まで塩を求めて営《な》めに行くといわれている。

(一) 人間の誕生

偉大なる宇宙は、十二大元素と熱と光合成から一億種類もの生物を湧出し発展してきた。生命という息吹を注ぎ込んで、生き物という摩訶不思議なる存在をはぐくみ、今日の活気ある地球を形成した。この始祖こそが単細胞生物の元祖シアノバクテリアである。

最古の生命は約四十億年前、海に始まる。現在の六十兆個の細胞を持った人が誕生したのはアフリカで三十万年前の起源といわれる。

人間の先祖といわれる猿人の誕生は五百万年前という。しばらく進化の発展が続いた。

万物の霊長たる人間様も、その寿命は長くても百歳。これはＤＮＡの仕組みによるものである。

いっぽう植物に必要となる元素は、ナトリウム（Na－11）と塩素（Cl－17）の２元素、塩化ナトリウム（塩）が抜けた十大元素である。塩が動物にとっていかに重要な物質であるかがわかる。

ちなみに動物の生体をつくる主な物質には、水（H_2O）、無機塩類（Na、Mg、Ca、Fe、P、S、Cl）、タンパク質（C、H、N、O）、糖類（炭水化物）（C、H、O）、油脂（脂肪）（C、H、O）、核酸（C、H、N、O）がある。主たる構成元素は酸素（O）、水素（H）、窒素（N）、炭素（C）などである。

地球上の生命体は約四十億年前に、海水中で誕生したとされている。四十億年以前には、地球表面は、太陽からの紫外線が強すぎて、生命体に欠かせない核酸等が破壊されて、生きられなかった。

十八億年前頃になると、地球表面に多細胞の真核生物が出現出来る環境になった。

五億年前になると植物が地球上に上陸し繁茂出来る状態にまで変化した。

この頃から、羊膜類、両生類、哺乳類やら恐竜が出現した。

現生の人類の誕生は約百五十万年前といわれている。ピテカントロプス、シナントロプスペキネンシスやネアンデルタール人として知られている。

単細胞のシアノバクテリアが、地球の地熱や太陽の熱と光合成の恵みを受けて、奇跡的に生命の息吹を発し、「生きる」という生物が出現したのが約三十五億年前のことだった。環境の変化につれ進化し、今や一億種類もの生物が地球上に存在するに至った。

現在の学説ではシアノバクテリア（DNA―RNA）が進化して全ての生物に変化したといわれて

いるが、太陽エネルギー等の変化により、太陽に近い金星等にも熱と光合成による新らたなＤＮＡ生物が出現発生する可能性も考えられている。

それならば生物は、進化のみではなく、熱や光などの環境の変化によっても発生する可能性があるということにもなる。現在の地球上においても、同様の理論が成立する可能性が無きにしも非ずである。いずれにしても地球上での生物は一億種類といわれている。その個体数は各種族各個を累積すれば何万兆個に及ぶとも考えられる。

今や動植物から、菌類にいたるまでのほとんどが弱肉強食によって支配される種の頂点を極める人類は、万物の霊長な名を借りて、地球を我がもの顔に、自由奔放に食い荒し回って生存している。

しかも父親の数億の精子を犠牲にして唯一の生命を勝ち取ってこの世に誕生した存在なのである。数十億年かかって出来た生命を授かり、運よくこの世に生まれ出た尊い我が生命を、いかに存続すべきかを考えれば、人間として為すべき道が見えてくるはずである。

この世に尊い寿命を頂いて、喜怒哀楽のその中に、人類子孫の繁殖と繁栄の使命を帯びて誕生した以上、これを完遂しなければならない。

ここに人間は、人として誕生した以上、先祖から受け継いだ生命、人間楽園継続の掟「人類繁殖、繁栄」のための各種条件を肝に命じて、我が楽園の世界を築き開発して継続発展させなければならない。

万物の霊長たる人間も、人生長くて百年という遺伝子（ＤＮＡ）の仕組みに支配されているが、これも条件の一つである。百五十万年引き継がれ、子孫の繁殖、繁栄により立派に栄えてきたものなのだ。

（1）万物の霊長たる人間は、人類ＤＮＡの起源から人間個人、一人一人に大自然の息吹が誕生させたものだから繁殖の根源は尊い生命である。まず「生きる」ことである。

（2）独身独心、身体は、厳しき娑婆に打ち勝ち進むための自己研鑽を積まなければならない。

（3）己を築き一人前に成人すれば、異性を求めそして愛し、子孫繁殖を為さねばならない。

（4）子宝繁殖、繁栄のために、まずは子孫が楽しく暮らせる社会を造ることである。

大自然が人間に与えた息吹の生命の根源は、これらに始まる。

人間は、子孫繁殖、繁栄のために生まれたが、その生存を脅かし妨害し、それを阻止するために、苦しめ批難する人間も多い。これらを断ち切って人間としての道を造り進めるのが人間の条件である。

「人間の条件＝大憲章」を次に示す。

大憲章とは、人間として成立するための重要な「おきて」や「法則」をいう。

（一）正しく生きる。

（二）独身、独心で成人となる努力をする。

（三）異性を求め、子孫を繁殖し喜びを掴む。

（四）子孫継続のための、繁栄に努力する。

人間として生れた以上、これらの使命を果たさねばならないのが人間なのであり、これを「人間の条件」という。

人類は、相互に助け合い、信じ合い、喜びあえる社会を築かねばならない。

人類の大憲章（子孫の繁殖、繁栄）は相互に傷つけあってはならないということを、誰でも義務教育や、家族の指導で十分に身につけていることではあるが、思慮や堪忍、忍耐等、また常識、教養、道徳等の有無によって、また、衣、食、住、色と欲、各自の心の葛藤、生存競争等々、人間が苦娑婆を生きる中で、場所が変われば常識が変わり、常識が変われば生き様が変わるということも多い。

されど人間基本は同じで、全て独身、心も独心、孤独な身上、天上天下唯我独尊、助け合ったり、信じあったり、愛し合ったり喜びあううちに、心は正しきに味方する。

「人間は人間としての基本条件をもつことで、悪を退け相互が喜ぶ」愛の園に住めるものである。

【自然の中に息吹いた生命は尊いもので、人間は各自この生命を人間としての条件のもとに生かし子孫を繁殖、繁栄させねばならない】

㉙ 人間に　条件いらぬと　胸張れど
　　掟《おきて》がなけりゃ　生きていかれず
　　　法治国家は　条件が基礎

地球上数十億の人間の一人一人が、人間として誕生した以上、「人間の条件」という大憲章が、各自、身体の中に大自然の秘めごととして、培われているはずである。

まずこの大憲章《マグナカルタ》（子孫の繁殖、繁栄）だけは、果たすべき条件義務として、各人の心のその深さ広さに限りなく課せられている。各国の法治も「人間の条件」が基本になっていると言っても過言ではない。

【多細胞の人間は生物の頂点に立つもので、今や地球上生物の最も責任ある種族である】

㉚ 人類は　多細胞なる　種族故
　　地球開発　発展の親

【自然の息吹で誕生した生命を疎《おろそ》かにしてはならない】

㉛ 生命は　不思議な力で　生誕す
尊《とうと》き生命《いのち》　生き抜く使命

㈡ 人間となりて生きる条件

【一億種類の生物は生殖細胞のＤＮＡの継承によって弱肉強食の生存競争の中にいる】

㉜ 生き物は　ＤＮＡが　基本にて
細胞遺伝子　種族を引き継ぐ

一億種類の生物が、弱肉強食の中で共存している。我々は貴重な生命を授かり、人類種族を繁殖、繁栄させるべき使命の中に生まれた以上、まず生きて生命を尊び、後世に継続する種の保存という役割を果たさなければならない。人類に生まれた以上、己が生きるのみならず、同胞を傷つけてはならないことは言うまでもない。人類の繁殖と繁栄の課せられた使命は、人類の大憲章でもある。

【人間は、一人ひとりがＤＮＡを引き継ぐリレーのアンカーであり主人公である】

㉝　人生は　アンカーのなき　リレーなり
今を全力　引き継ぎ全力

摩訶不思議な現実の世に貴き生命を頂いた。昨日はすでに去り明日はまだこない。今あるのは、輝く己の姿のみである。今の力を、明日への夢に希望をつないで、心を豊かに。

【人生は行雲の如し】

㈠　雲よ流れて　何處《どこ》行くよ
人は子育て　赤子の尻を
口で吸い出し　命がけ
霞《かすみ》棚引く　春爛漫は　花見酒
唄い踊りて　舞い上がり　心明るく　流れ行く

㈡

動物生れて　直ぐに立つ
乳に飛びつき　敵来りゃ逃げる
弱肉強食　生きるため
人間育って　二十歳《はたち》で成人　余裕《ゆとり》有り
どちらも同じ我が子孫　繁殖繁栄　為《な》すがため

㈢

どんよりじめじめ　梅雨の雲
人の心は　誰れもが知れず
俺さえ何だか　わからない
心のしがらみ　ほぐすは私の　心意気
ほぐれる糸に　こぼれ日が　させば心に　光り射す

㈣

白雲もくもく　夏の空
山の上やら　水平線に
元気に上昇　良いけれど
山を崩して　落雷したり　稲妻が

楽園破壊し鬼の雲　眞逆《まさか》の人生　有法子《ユーファーズ》
（有法子＝中国の古語に拾う、「最後の土壇場《どたんば》に来ても、まだ何か解決する方法を探す」）

(五)
秋近づけば　左巻く
台風雲が　暴れる惨事
人間だって　同じこと
人心悪用　吸血鬼なる　悪教祖
道徳の雲　空翔《か》けりゃ　台風一過　空青し

(六)
秋の碧空《あおぞら》　髙き雲
故郷偲び　病床室を
こっそり抜け出す　我が姿
年は増え行く　身心痩せるが　気は強く
希望目指して　西の空　夢幻の彼方へ　突き進む

【動物は、生れ出ずるや即戦場】

㉞　動物は　生れ落ちると　身を守る
　　人は二十歳《はたち》で　漸《よう》や》く成人

弱肉強食の世界に住む動物達は、生まれ落ちたその瞬間から、四《よ》つん這《ば》いに即立ち上がり、体力をつけるために乳房にすがりつく等々、外敵から身を守る防衛本能が仕組まれている。

幸せなるかな人間は、一人立ちする成人までは、躾やら、義務教育やら道徳等両親が骨身を削《けづ》って育て上げてる余裕《ゆとり》の世界。女性など嫁入り修業によってさらに身を磨く。

動物にとっては、一本立ちする養成期間などは一刻たりともないのだ。生まれた時点から弱肉強食の世界に放り出されるのだ。

それから見れば、人間世界は天国のようである。寿命の二割ほどを養成期間として育てられ、昔は十五歳元服とし、今は二十歳《さい》を成人として万物の霊長界に送り込む仕組みである。有難きかな人生、両親家族による躾に始まり、国を挙げての義務教育、更に道徳・常識を踏まえての二十歳。

㉟　人生は、育てられてが　二十年
　　育てる二十と　生きてく二十（還暦時代）

人は皆、育てられる喜び、育てる喜び、生きていく喜びと常に喜びの中に生きている。さらにこの喜びに前向きの心をつけることによりすべて、幸《しあわ》せな寿命となるのである。

人間だって猛獣などを避けるため、南方の島国などでは、木の上や山頂等に生活することもあった。

【寿命を運命とともに生き、運命は不幸といえども心次第で幸せとなり、不幸この世にありはせず】

㊱ 我生きる　自然が与えし　この生命《いのち》
身心能力　寿命と運命

寿命とは生れた時に、すでに定まったものとして有難く受け入れなくてはならない。今はあるが明日には知れぬ我が寿命、今現在、我が能力と前向きな心で明るく進む。運命こそは、生れた処が我が聖地、己を磨き心を育てれば心は何よりも強いものとなり、不幸なことも心がすべてを幸とする。心を卑しく育てれば、何事も不幸の底に落ちてしまう。

【生命は百歳を天が与えた、尊い生命である】

㊲　老衰を　百歳とした　ＤＮＡ

貴重な生命　有義に活用

人間の生命寿命は、人類細胞のＤＮＡによって老衰限度が約百歳に仕組まれている。子孫繁殖、繁栄の使命を帯びて誕生したこの貴い生命は、使命の条件を果たして、有意義に活用すべきである。

【人生は自分の物である。誰もがそうであるからお互いに信じて助け合おう】

㊳　人生は　誠意と努力　運もある

何れも己《おのれ》が　造るものなり

第四章　寿命と運命

第二条　寿命と運命を正しく生きる条件

【明日の生命を知る人はなし。今が生きがい】

㊴
寿命とは　生れし時に　定まりて
日毎の朝日　有難き哉

【生まれがどこであろうが、今がどうであろうが、幸か不幸かは我が心が決める、自分がわかるのは、自分のみである】

㊵
人生は　寿命《じゅみょう》と運《うん》で　生きるもの
心次第で　運全《うんすべ》て幸《さち》

【心はすべて開運の心を造り出す。また艱難に対する辛抱、忍耐、我慢、努力等全てを制御する】

寿命は既に生れた時に定まったものである。人すべて今の生命《いのち》は、明日あるかどうかを知らず。それでも百歳までと、命ある限り目標を定め希望をもって進むのが人生である。されど人間は生身《なまみ》の身体《からだ》であるから、いつ、どこで、いかなる事件があるやも知れない。病気をする、怪我《けが》をする、うまい話が飛び込んでくる、詐欺《さぎ》に遭う、試験に合格する、富豪の家に生れる、貧乏国の貧民窟に生れる、職を失う等々運の善し悪しのみで、喜怒哀楽が始まると考えるのは、岡目八目の外見的な見方である。真の運の善し悪しは、その人個人の心と努力にある。たとえ事故に遭おうとも、病気になろうとも、落第しようとも、貧民窟に生れても、心さえ大きく立派で、我が人生としっかりとらえれば、そんなことは屁でもない。吹き飛ばして心機一転すればいい。

貧民窟でもどこでも、生れりゃそこが、我が別天地、そして青山《せいざん》である。貧しいなかにも楽園はある。親のことばに「欲が出たら上を見るな、下を見ろ、俺より苦しく悲しい人がたくさんいるのが見えるだろう、いかにすりゃ良いのか努力しろ」というのがより心に響き刻まれている。どんなことがあっても心の持ちようで全てが幸に変化するものだ。

【百歳までを、元気な体と立派な心で健康に生きられればこの上なしの梨畑《なしばたけ》、不幸に遭っても病気になっても、心の持ちようですべては幸せを為す】

㊶ 老衰を　百歳とした　DNA《ディーエヌエー》　貴重《きちょう》な生命　有意義に使う

一億種類もの生物がひしめきあうこの世に、万物の霊長たる人類として誕生したという、神秘的で尊い生命に感謝こそすれ、少しでも疎《おろそ》かにすることは許されない。

宇宙大爆発のビッグバンがあったことは現実として納得出来る。しかし生命をもつ生物が出現したことだけは不思議であり依然として難問である。また、人工による放射性元素はすでに息吹の根源を有するものだろうか。

生物は、必須元素に加わった熱と光合成の化学変化の中で、唯一出現した生命がシアノバクテリアのみであるという。そして、後の現象では、絶対に生物の生産はない、そして一億種類の生物はすべて、シアノバクテリアの進化増殖によると言うチャールズ・ダーウィンの学説の一部には納得出来ないところもある。

されどその生物が、今や一億種類ともなって弱肉強食の世界で葛藤《かっとう》し、共存している。

それらの頂点たる人類に誕生した人間の生命は、いかに貴重であり、尊厳《そんげん》を持ったものであるかは言うまでもない。

人間として数億の精子を代表して得た尊い生命は、寿命の限り生き続け、人間の条件・大憲章を守り抜かなければならない。生まれた以上その責務は重い。

【父親の精子は数億のうちの代表として母親の卵子にに飛び込んだ。この責務は重大なり】

㊷　数億の　仲間を蹴って　生まれ来た
人生なのだ　正しく生き抜け

父親の精子の放出数は、一回に数億に及ぶと言う。人類生命遺伝の伝達式は、父母の愛の結晶の瞬間に行われる。この世で生命が貴しといわれる所以《ゆえん》である。ましてや万物を代表する人間の生命であるから絶対に毀損《きそん》してはならない。

【地球上の一億種類の生物は、それなりの遺伝子・ＤＮＡにて子孫の繁殖を図っている】

㊸　生き物は　ＤＮＡが　基盤にて
細胞遺伝子　種族を引き継ぐ

人間は、六十兆個の細胞から成る多細胞生物で、この遺伝子が五百万年も引き継がれ、直立猿人ピテカントロプスから進化し、七十億人に向かって繁殖し続けている。

【体内には、組織ごとの担当工場が無数にある】

㊹　体内で　数千億の　工場が

細胞稼動の　仕事している

かつて防火扉に挟まれて、右手中指先の第一関節の皮が削《そ》がれ、マッチ棒位いの四角い骨が一センチ程むき出しになったことがあった。尻の肉でも剥いで接着すれば、この骨が爪までつけて、元の姿の指に回復してくれるようだ。しかしこの骨を手術で切断してしまった。この一センチほどの骨の一割を残して治療した結果、尖《とが》った三ミリほどの爪が生えて来る始末となった。指先の一センチほどの骨の細胞が、爪を含んで中指の先を造る工場であったことを知らされた。

【今や細胞の組み込み技術により一卵性双生児のＤＮＡから、一つの似通《にかよ》ったクローンの開発がなされるに到っている】

㊺　細胞の　二重螺旋《らせん》の　ＤＮＡ

鎖の鋳型《いがた》で　クローンも出来る

（クローンとは相似形《そうじけい》の人間）

㊻ 細胞は　ＤＮＡに　組み込まれ
遺伝子により　ヒト人となる

遺伝子の人工的組替えではヒトゲノムの解明による、ＤＮＡの情報作用により人間を新たに作ることができるという。

「ゲノム」とは、遺伝子ＤＮＡの情報及び効果をいう。

【試験管ベビーは育ちし子供の心をやがて砕く、あってはならじ】

㊼ 人とヒト　クローンは人の　象徴で
胚性幹《はいせいかん》の　再生細胞

廃棄される受精卵を、子宮に戻したるは、ヒトとなる。

【父の精子に感謝する】

⑱ 誕生は　卵子と精子の　絡《から》み合い
絡《から》み損《そこ》なや　我は世に無し

【人類も同じで人間の条件はここに発生する】

⑲ 生き物は　森羅万象　悉《ごと》く
子孫繁殖　繁栄努力

【己の身心が生育すれば人間の条件により自然と子孫繁殖に貢献しなければならない】

⑳ 子宝を　造るが為に　生まれ来た
人生なのさ　異性を愛す

【子孫繁殖のために、快楽悦楽を褒美とした自然に感謝する】

㉑ 妻娶《めと》り　快楽を知り　子が生まれ
梨の木畑にゃ　幸《さち》が山積み

梨の実は、二メートルほど高さの柵に実をつける。梨の木畑に入ると、「この上なし」となる。

【子供を育て、さらに子孫の住みよい国を造り、繁栄の場を残すのが親の義務、条件である】

52　子育てし　苦娑婆に負けず　生き抜いて
　　人の為にぞ　盡《つく》すが人生

【子孫の繁殖繁栄の条件は、人間すべてに平等に与えられている】

53　王様も　乞食の身でも　それなりに
　　子造り育ては　楽園の園

人生は運命によりて、いかなる場所に、いかなる時に、生まれ落ちるか、わからない。しかしながら生まれた所が聖地であり、富者《ふうじゃ》も貧者《ひんじゃ》も心次第で幸を掴む。既して子造りは二人の世界、七十億の数あれどそこはただ二人、世界は二人の宇宙なり。二人の世界なり。

【夫婦の与えし「人間の条件」は、全てに与えられている】生きる義務は子孫の繁殖と繁栄に始まる。

54　人は持つ　生きる権利と　生きる義務
　　子孫の繁殖　幸《さち》の世造り

【年頃になれば、教えなくても子孫繁殖繁栄の条件は芽ばえてくるものである。本人知らずとも、身体が動き発情する】

㊺

留守居の魔《ま》　さすれば太く　ポチの却
　　八犬伝の　歴史夢みる

学校から帰った満留《みつる》は、宿題を終えた昼下り、さすりよるペットのポチとたわむれた。ここやかしこと撫《な》でるうち、ポチのあそこが膨《ふく》れだす。今日授業で学んだ南総里見八犬伝の歴史の真相が脳裏に閃いた。年頃になりゃ、こんな茶番の劇もある。一人が故に、奇抜な寸劇学習の紐が解けた。

【苦境といえども真剣に立ち向い、努力をすれば、運というものは黙っちゃいない。必ず助け船を出してくれる】

㊻

幸運は　瞬時に生まれ　即消《そくき》ゆる
　　苦境の中にも　運は籠《こも》れり

あせるな人生！驚く勿《なか》れ苦境！

【人生全て、生まれし時より裸で生れ、死ぬか生きるか運試し。苦しさ逆境もんじゃない、常に生死が前に転がる】

㊼　人間は　生れし時より　運試し
何が起ころと　全力傾注

【人生は計画を立ててこそ希望に満ちるものである。生き抜く努力はリスでもするよ】

㊽　動物と　人とが異なる　本能は
今日より明日への　希望の進歩

【成功は少しずつでも努力の積み重ねである】

㊾　成功は　一歩一歩の　力から
潮時《しおどき》を見て　強く前進

【人生には明るさが必要、男は能動的、女は受動的と言うが、しかし明るさに勝てるものなし】

⑥⓪ 人々の　持つ明るさは　道開く
能動力《のうどうりょく》の　基本の力

【一生のうち真剣に勝負することが多々ある。特に仕事と女がそうである】

⑥① 一生に　精を打ち込む　仕事あり
惚れたる女と　惚れたる事業

【この世に生まれ、ただ食っちゃ寝の「のんべんだらり」ではあまりにも空しすぎる。しかも若者がこれではいけない】

⑥② ただ生きる　空《むな》しき人生　死の如し
今日全力で　生きよ若者

三度の食事をただ生きるために食う人がいる。これでは生きるということに何の意義もない。今日この日の目的をつくって全力で生きようとするところに強さと発展が生まれる。

⑥③

生きる道　現在だけを　耐え忍べ

過去はもう無い　明日は未だない

【苦しくたって、悲しくたって艱難辛苦に耐え忍び、現在を無心に努力すべし】

⑥④

辛抱する　仕事に楽は　なかりけり

辛抱する木に　黄金は実る

【辛抱忍耐はだてではない、努力して必ず道は大きく開ける】

⑥⑤

生き甲斐を　造る義務あり　人生は

果す役割　生きる喜び

【人に生まれた以上「人間の条件」を果たす義務がある】

⑥⑥

人生は　勝負の道を　進むもの

闘士の努力に　すべてを注ぐ

【人生は生れた時から勝負の世界】

【死ぬより辛いというが、死んだことがある者はいない。辛いということはその人なりのもので、誰でもがそれ以上辛いことを我慢して頑張っている。「人間の条件」はまず生き抜くという使命を与えている】

67 死ぬよりも　辛い場合が　あるなれど
生きねばならぬ　これが人生

昔、ある殿様が、江戸城への緊急招集があり、早駕籠《はやかご》を飛ばして登城したという。身体はこわばるは、節々は痛むはで籠を降りても当分は動けず、こんな苦しみは死ぬより苦しかったと嘆いたという。以後その藩では、重罪の者を「早駕籠」の刑に処したという。
その人その人によって苦しみは異なる、若き時苦労した人に苦しみは少ない。

【オリンピックは民族の祭典、美の祭典ともいわれる世界の賛美和合の大会である。参加することに意義があるも、そこにいたるまでの選手たちの血達磨《ちだるま》の鍛錬には、頭が下がるものである】

68 人生を　オリンピックに　生命《いのち》かけ
胸にメダルの　光り尊厳《とおとし》

㊴

「明日の生命を知る人ぞなし、今が生きがい」

寿命とは生まれし時に定まりて日毎の朝日有難き哉

㊿

「寿命と運命」

死ぬよりも辛き場面があるけれど生きねばならぬこれが人生

第五章　人生すべて独身（天上天下唯我独身）

第三条　独身に生きる条件（独身としての正体を活かす）

人間はすべて単身独心で誕生する。独身故に自己を練磨し、体力を練成し、「人間の条件」により子孫繁殖に邁進《まいしん》するものとなるのである。独身なるが故に、相互を愛しそこに助け合いの精神が生まれる。

【人間は誕生の大憲章によって「独身」にて誕生させられた。これこそが子孫繁殖を満たすための条件なのである】

㊴　人すべて　天上天下　独身は　我を練磨し　大志を抱く

人間誰でもが独身で生まれる。ギリシャ神話には、人間の起源は、男女が一体となって地球に誕生したとある。ギュノスの神は、これを心の斧で背中から真っ二つに切り裂いて、男性と女性の二体を完成させたという。男性は東方に向かって離された女性を求めるようにと、女性は西に向かって離された男性を求めるようにと旅立たせた。この世界数十億人ひしめくも、男と女の二種のみである。別かれた相手「ベターハーフ」と判断出来て契（ちぎり）を結んだその人こそが、ギュノスの神が求めさせたる恋の人なり。

【人間はあくまで独身として人間の条件のため生誕させられた。結婚して子孫を繁殖させ、人間条件の基本を果たす。動物すべてが、子孫を繁殖し、それなりにまた死亡していくように仕組まれている】

⑳ 妻娶《めと》り　子育て終えて　また一人
兎角《とかく》我が世は　孤独の世界

独身がために、身心を磨き、義務教育から仕事に従事し、生涯をかけた伴侶を見つけ、子宝をもうけ、幸せな家族であったれど、伴侶が他界し孤独な世界。されどこの世は不思議な世界、己の喜ぶ趣味が出来、趣味と二人の世界にて、生きがい感じて世を過ごす。

【子孫繁殖、繁栄の大条件を完成した。分身の二世に囲まれて梨木畑でこの上もなし】

⑪

苦婆婆でも　子宝造り　満足し
逝《ゆ》かれて一人　されど幸せ

月の光が差し込む荒屋《あばらや》の貧乏どん底な生活だったが、快楽満ちた子造り子育てにより、世界一の最高な家庭となった。人生五十年、夢《ゆめ》にまで見たの分身が出来て、育てた喜びは何よりも嬉しかった。相手には先立たれたが、優しい家族に救けられ幸せな齢《よわい》を過ごしている。これが人間なのだ！と、心は呟《つぶや》いた。

⑫

憂《う》きことの　積《つも》るがこの世の　常なれば
艱難汝《かんなんなんじ》を　玉となすなり

【人間は一人で住んでいるのではない。六十億人の中、三十億の夫婦がむつみあって生存している。また艱難辛苦や、心の憂きことは山ほどあるのがこの世界】

⑬

憂きことの　なおこの上に　積れかし
限りある身の　力試さん

【独身で生れ、我を磨きて世のために尽くさんとする若者の詞は！】

嘗《かつ》ての武将、尼子家の山中鹿之助は「我に、七難八苦を与え給え」と言って先陣をとって、敵を蹴散らしたと言う。

心に憂きことがあるほど我を確固たるものにするものはない。艱難辛苦に耐え抜くことこそ、我を磨き上げる最高のチャンスである。

【恋愛は人間の大条件、子孫繁殖の基本である。男女の交際に何のためらいも必要はない。ただし常識の範囲内で行うべし】

㊹ 恋愛は　度胸と愛嬌《あいきょう》の　取っ組み合い　見栄や自惚《うぬぼ》れ　眼中になし

独身として生まれた人間も年頃になると、理性はあるが、身体が燃えて我慢がならず、心が言うことを聞かなくなり、間脳《かんのう》が悩まされることもある。男子は特に能動体、故に勇み足が多い。

普段では、「こんなことを言うと嫌われる」「気持ちを伝えたいが、断られたらどうしよう！」等々引っ込み思案だった。されど年頃ともなれば、火の玉小僧のようになる時もある。そうだその意気、その気持ちでやってみなけりゃ解らない。

【何事も、決断したらその信念を貫こう】

㊄ 目指したら　熱意と誠意　ぶち当てて　創意工夫で　心を掴める

何事も、目標を定めて熱意をもってぶち当たるべきである。当たって砕けろの精神がなくて何が男だ、能動体だ！当たって先に進めても、誠意がなくては停泊船だ。錨を揚げろ！誠意がなくて何で船が出帆《しゅっぱん》するか！全速力の船出の創意があればこそ得手《えて》に帆を揚げ、楽しい航海できるもの。独身なればこそ、「三意」による生き様が出来るのである。三意とは、「熱意」に「誠意」に「創意」をいう。

【名刀を造るには、材質をよく仕上げねばならぬ。善良な人間を育てるには、よき指導、強き教育をせねばならぬ】

㊅ 刀鍛冶《かたなかじ》　鉄を溶かして　砂鉄混ぜ　熱きうちにぞ　打ちて鍛える

名刀正宗の刀鍛冶、匠《たくみ》の名言である。

人間更に同じこと、とくに義務教育期間にある者や結婚前の独身者には、艱難、忍耐、堪忍袋に努力を加え、混ぜてたたいて鍛え抜き、自らも研鑽練磨する、これが若者が育ち人間として独り立ちする望ましい姿である。

【人間の条件、子孫繁殖の基本は男女の契りに始まる。年頃になれば、自然と燃える情熱が忍び寄る】

⑺ 人並みに　番茶も出花の　年となり
赤いほっぺが　待つ麦畑

義務教育を終えて娘に色香りあり。花嫁修業も重なって、番茶も出花の年となり、からだが燃えて心がはだけ、可愛い娘も淑女と萌える、花びら舞い散る麦畑！。恰好な場所で逢瀬する。
ああ、これがまた独身の良さではないか。

【仕事甘く、うまいものばかりではない。人が好まない仕事こそ飛びついて頑張れば、宝の山がまっている】

⑱「ナニクソッ」と　人の嫌がる　道を行きや
宝の山が　前にはだかる

がむしゃらにことを進めようとすれば、人は逃げる。骨が折れて大変だと思われる事業を率先して進めるべきである。

【芸術家にはどんなに小さい物にでも全力をかける精神がある。これが後世に輝きを放つ宝物となる】

⑲人生は　何《いづ》れの作《さく》にも　全力で
打ち込む気迫が　成功するなり

何事も精魂を打ち込んで取り組めば、それそのものが匠の事業として完成するものである。

【人の一生は、年齢、体力、気力、心とともに変化する。それぞれの時代に対し、手心して生きねばならない】

⑳ 青年は　色気の血気　壮年は
　闘争慎《つつし》み　老《ふ》けて金欲

孔子は「三戒」で、青年時代は特に色情に注意し、壮年に入っては闘争心を慎み、定年近き初老にあっては、物質、金銭的欲望で、身を誤らぬことであるとしている。

【独身時代に財産造り、家庭を造り家族の繁栄図るが使命】

㉑ 二十歳《はたち》から　勤倹貯蓄《きんけんちょちく》は　三十路《みそじ》まで
　四十過ぎれば　子供に家族

過去を振り返れば、独身の若いうちが一番金がたまりやすかった。家庭を持つまでが一番貯蓄が出来る時期である。

【社長は事業発展のために孤独になり、社員のために、鬼となって厳しく働く。社員を含め全員

が家族である】

㉜ 経営者　孤独は仕事の　立場上
仕事の外は　皆と楽しく

経営者が孤独であるのは当然である。されば自分から大衆に溶け込む工夫をして、同列になって大衆の中に入って騒がなければ、大衆の心を掴むことは出来ない。

【貧乏は買ってでもしろという。人間を造る最良の養成所である。ただし、くじけぬための忍耐と努力が肝要である】

㉝ 貧しさが　ありて努力が　実るもの
頑張りゃ幸せ　財産倍増

【いかに好きだからといって身なりが良いからといっても中身が貧しければ何にもならない。恋をするなら、まず己を磨いて、相手から認められなければならない】

"恋を変、貴女を穴多、悩むを脳の誤字多し"

⑭ 恋文も　「変しい穴多《あなた》　脳ましい」
これでは恋が　実るはずなし

【完全な仕事には、辛苦も苦労もない。やる気と努力と自信をもって、趣味として捕えれば、一生の楽しい仕事となろう】

⑮ 仕事には　「苦労」の二字は　不要なり
自信と熱意と　趣味でぶつかれ

【防災運動は教えてくれた。火事のみではなく事業についても、細かいところに気をつけて誠意をもてば成功するものである】

⑯ 火の用心　気の付く処に　火はつかぬ
細事に気をつけ　大事に成功

細かいところに気の付く人は、失敗しないから大きな仕事に次々と取り組める。

【勝つためには、まず自分を知り己の弱点を洗い固める。そのことにより相手の弱点や隙を見つけることが出来るものである】

㊇　勝つために　自分を固め　身を守る
**　　さすれば敵の　隙《すき》をこそ知る**

【自分の事業において。独自の特色、長所を巧みに宣伝し与えれば、客も信頼して集まるようになる】

㊈　自営業　独自のカラーを　出してこそ
**　　人に好かれて　商売繁盛**

【人生の推進力は、気力と意欲と努力である。今日に明日を併せて自分をいかに活用するかに価値がある】

㊉　今日の日は　明日と併せて　二日分
**　　考え次第で　値打ち倍増**

【お金を掴むより、物を創り出す努力が肝要である。またいかにして仕事を見つけるかが肝要である】

⑩　掴《つか》むより　造る努力が　礎《いしずえ》の
　　企業は人なり　発展の宝

【組合活動をして会社を批判してばかりいるより、会社に協力して繁盛させて会社を育てれば自ずと、自分が助かるものです】

⑪　サラリーマン　我が身の将来　考えよ
　　会社なくして　働き場なし

【己の才能を知り才能に合う仕事を見つけ、楽しいと思えるような仕事をすべきである】

⑫　才能は　向くよな仕事　選択し
　　勤労努力を　身につけ励む

【健康を保ち研究の意志を継続すれば、会社は自ずから信用をしてくれる】

⑨③

意志強く　常に研究　怠らず
健康第一　貫く信頼

【真似ながらそれを活かして活用する、その開発品は、宝ともなる】

⑨④

真似るより　それを活《い》かして　造るべし
我が力から　出ずる作品

【人生にタイムスリップはない。チャンスがあれば即実行】

⑨⑤

人生は　リハーサルなし　まったなし
転機を勝機に　成すが成人

【人生は、ゆっくり歩んで、足場を固め、体力をつくり、次の機会に備えよう】

⑨⑥

人生は　ゆっくり歩いて　基礎造り
マイナス減らして　次の態勢

⑰

【分の悪い仕事は空いている。努力と研究で仕立てれば、必ず偉大なものとなる】

分の悪き　仕事に進め　勝つ決め手
仕事身につきゃ　奉仕大なり

⑱

【八方美人はそれなりの人。とっつきにくいが筋鐵《すじがね》入りの人こそ物の役に立つ】

誰からも　好かれる人は　唯《ただ》の人
筋鐵《すじがね》入りこそ　役に立つ人

⑲

【経営が傾いたら、それなりの対策を立て直すそして不断の執念が実を結ぶ】

経営が　不振になった　その時に
駒の持ち味　活かして成功

⑳

【常に信頼される事業の継続に努力する。しからば、いざという時、助けの手が伸びてくる】

いざのとき　援助の手が来る　努力せよ
信頼される　己を築け

(101)

【忍耐し努力してスタンバイオーケー。銛《もり》打つ腕に心高鳴る】捕鯨の精神各事に活用す。

機は熟し　準備万端　完備して
　チャンスを待ちて　銛《もり》を打つなり

(102)

【不況時こそ、力の見せどころ。こんなチャンスはめったにない。力の限りを見せて働け】

不況時は　ここぞの力の　有る限り
　自分捨てての　頑張りあるのみ

(103)

【誰にもスランプはある。欠点を見つけて早く是正すべし。回復の早いか遅いかが問題である】

スランプは　欠点検討　是正して
　希望に向けた　努力に専念

(104)

【信用は手腕と心により作られる。人格は誠意と創意により形成される】

信用の　安定感は　手腕から
　なお人格は　誠意に創意

【船は帆を揚げ出航した。独立した以上、是が否でもやり遂げねばならぬ。男なら、やってみろ今がこの時】

⑩⑤

独立は　戦い抜くの　根性で
やれば太陽　心を照らす

【成功には、計画と創意と努力の結晶による。中途半端なことで成功は出来るものではない】

⑩⑥

成功は　たゆまぬ努力の　結果から
思いつきでは　世には進めぬ

【相互に協調できる心の融合性は大きな財産である。この際、知識や教養は問題ではない】

⑩⑦

協調の　交際こそが　財産で
知識才能は　他人《ひと》が評価す

【人生とは実力が発起される場所である。そのためにまずは努力だ】

⑱

人生は　実力主義だ　働きだ
社会のために　生命《いのち》を賭けて

【後期高齢者が、千三百万人いるという。百歳までの寿命なら当然と思うが、ただし少子化も同時進行している。人間の条件、子孫繁殖を大いに進めねばならない。子孫繁栄に努力した人達は「高貴幸齢者」である】

⑲

年齢に　ずれて肉体　この若さ
年の功より　質《しつ》のよしあし

【寝ていても、事業を想起して、ハッとして飛び起きることがある。それほど重要な仕事がもてて幸せである】

⑳

我が事業　寝る間も惜しく　飛び起きる
こんな幸せ　何より嬉し

⑪
入社して　三年魔の年　心せよ
慢心の気持つ　今ぞ危うし
【入社して三年も経つと、各種に慣れがでて、いろいろと疎かになる。また慢心の気が失敗を起こす】

⑫
月給は　勝ちとるもので　奉仕じゃない
社のため働き　出した糧《かて》なり
【サラリーを報酬の気分で受取ってはならぬ。これだけしたんだ、これからするんだの意気込みが勝ち得たお金と思うべし】

⑬
金なくも　頭と根性　あればいい
後は努力で　運が掴める
【己の人生は金に頼るのではなく、頭と根性と努力、実力に頼るのだと、己を信じて進むべし】
【借金してビルを建て、返済期限前に金返せで、企業が倒産した例は少なくない。逆に始めから潰すために金を貸す企業もある】

⑭

借金は　世に恐ろしき　悪魔なり
人は金食い　金は人食う

【常識もそうであるが、ところ変われば作法も変わる、言葉などは逆の意味ともなる。東北の駅では車掌が叫ぶ「おりた人が死《す》んでから、お乗りください」と】

⑮

人間性　処変われば　品変わる
東京、大阪　京都の気質《かたぎ》

⑯

人生を　太鼓と思え　バチ当たり
音色一つで　運叩き出す

【人生は太鼓のバチさばき、音とリズムで踊り回って明るくしてりゃ、運がどんどん向いてくる】

⑰

人の世は　苦娑婆と言うが　健康と
希望に燃えて　常に明るく

【人生は何処にあっても苦娑婆なり、健康ならば先ずは幸、病気になっても明るい心で幸がふくらむ】

⑱ 難事でも　自信を持って　ぶち当りゃ
思案ずるより　産むは易しぞ
【部長、課長の中間管理職は、部下の書類をつくより、社長、専務の仕事を掴めば、信頼されて社長の代理も楽にこなせる】

⑲ 部下よりも　上役使う　テクニック
部下の代表　社長の代理
【難問難関ある毎に、全知全能をぶつけてのぞめば、その都度自信がついて、難事難関を待つようになる】

⑳ 難関の　勝負に当たる　その都度に
強き自信が　湧き出ずるなり

【「濡れ手で粟の掴みどり」という言葉がある。軽い仕事でがっぽり儲けようとする者は没落するしかない。低い賃金でも貯蓄する心構えの人が成功する】

⑫1

千金を　夢見て人は　没落す
厘《りん》、毛《もう》積《つみ》し　人が大成

（厘・毛＝昔の小さなお金《かね》）

【逆境は悲しき運命の時、その艱難辛苦を乗り越えてこそ、働くことの喜びが本当に味わえる】

⑫2

逆境の　労苦は　幸《さち》の基盤にて
偲《しの》ぶ涙は　今の喜び

【企業の発展は、お客様が喜ぶ仕事を造り、お客様が喜ぶ利益を与えることにある】

⑫3

我が企業　勝ち抜くための　術《すべ》問《と》はば
客の利益を　図る大欲

（大欲＝人を喜ばせて、はね返ってくる利益）

【戦争に勝って国を取っても、人を殺し泣かせて得たものは小欲《こよく》でしかない。人を助けたり、発明のように人が喜ぶ物を与えてその結果として頂く物を大欲という】

⑫④
小欲とは　人を泣かせて　とる欲で
人を助けて　得るは大欲

欲深き人が、相手を泣かせ殺生までして領地を奪い富んだとて、我が心に傷がつく最も悪い小欲なり。人助けをし、互いに明るく喜ぶことは小さなことでも大欲なり。発明により生活を便利にしたり、人の命を助ける発明品は、求める人と売る人が互いに喜ぶ大欲なり。身近な例では電車で障害者や老人に席を譲るも大欲なり。

世の中は、大欲をかいて進みたい。

【天才と言われる人々は研究、努力の結果から天才といわれるようになった。特にビジネスには、才能よりも創意努力が大切である】

⑫⑤
天才は　流汗《りゅうかん》努力の　綽名《あだな》なり
ビジネス世界に　才の差はなし

【少しでも貯える心と、少しくらいではどうにもならないと捨てる心では、大きな違いとなる】

⑯

これでもと　でもで貯めれば　金の山
「ぐらい」で離しゃ　金は捩《もど》らず

デモ、クライしいとでも言おうか。日常生活の中で、こんなもの、これくらい、などと粗末にすれば金や宝は残らない、少しでも、これでもと、こまめに精を出せば貯蓄は、大山となるものです。まさしく塵も積もれば山となるのです。

【噂されても気にしない、一人一人の口を塞ぐ訳にはいかぬ。人の噂も七十五日。気にするよりも、己を信じて精進するのみ】

⑰

噂する　世間の口に　戸は立たぬ
信念抱き　仕事つらぬけ

⑫⑧

【現金はいかなる時にも貸し借りするな。保証人には絶交されてもなってはいけない、させてもいけない】

金貸すな　金《かね》より支える　力貸せ
保証人には　されるななるな

⑫⑨

【小遣いだ、小遣いだと、小出しにするのが使いぐせ、これでは大金がたまるはずない】

小遣いを　馬鹿にしながら　数使い
大きな金の　たまる筈なし

⑬⓪

【己の力量も知らず職を探すのでは将来が不安である。己を知り、適性に合った職場に入って邁進すれば必ず成功する】

人として　己を見つめ　自己を知り
我が適性の　職に邁進

⑬1

【成功を目指す人は足を使って努力する。稼ぐに追いつく貧乏なしとか】

成功を　目指す人には　金いらぬ
脚を使って　おあし大切

⑬2

【大自然の人間の条件、伴侶の希求これにて子孫繁殖となり、また楽園の道が開けるものである。】

伴侶＝ベターハーフ・配偶者

独り者　孤独を避けろ　そのために
異性を求め　契《ちぎ》りを交わす

⑬3

【マラソン選手は四二・一九五キロメートルをただやみくもに走っているのではなく、体力とペース配分と相手とのかけひきを含めた競技として戦っている。】

マラソンの　ランナー孤独を　走り抜く
心の中は　長き葛藤

⑦⑦

「年頃になり繁殖の条件を得る」

人並みに番茶も出花の年
となり赤いはっぴ(が)待つ妻畑

⑬②

「独身・独心は異性を求める前提となる」

独り者孤独を避けるそのために
異性を求め契りを交わす

第六章「心」は人生のすべてを活かす（天上天下唯我独心）

第四条　独心の正体を活かした正常な心を培《つちか》う条件

【生存する上で一番重要な気管といえば、心臓、脳である。実生活で重要な働きをするものといえば心である。心は社会生活において何よりも重要な役割を持っている】

⑬④ 人生は　己の心が　造るもの
天上天下　唯《ゆい》我《が》独心《どくしん》

「心」とは天上天下我がものにして、他の侵入は不可能である。心は無限の宇宙よりさらに大きく、また原子核よりさらに小さくもなる。表もあれば裏もあり、心のしがらみは夢幻の世界で千変万化しまた、我が心が、我を翻弄《ほんろう》す。

心の制御は脳内の間脳が司る。間脳の善導は重大なり。すなわち智能・道徳・常識の修業である。

【心の存在と役割】

⑬⑤ 心脳《こころ》とは　大小脳の　間にありて
間脳により　我を制御す

⑬⑥ 間脳は　大小脳の　間にありて
個性、常識　コントロールす

【脳構造。概要と機能】

α．間　脳

(1) 松果体：個性、感情等の制御及び体調整

(2) 視床：感情を大脳に送る

(3) 視床下部：本能行動の発生と制御　(個性感情の制御)

β．扁桃核

視床下部とともに情動を司る。
俗に「堪忍袋の緒が切れる」というのはこの部位を差す。
「キレナイ脳」を活性しよう。

脳　構　造　図

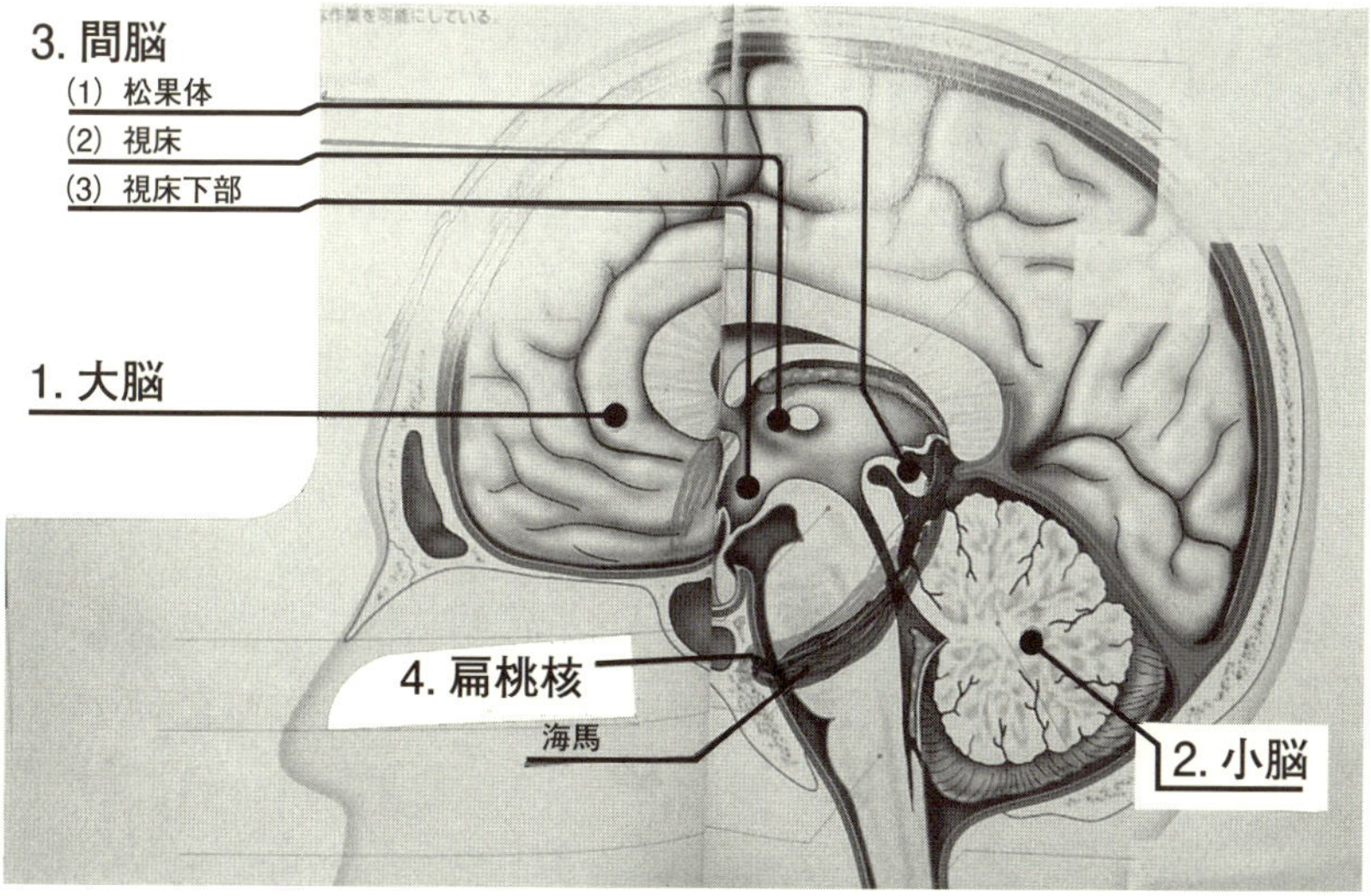

「心」とは、感受性の強い間脳の中の心脳の働きによるもので、「事あらば俺に任せろ！」と胸をドーンと叩みせるのも、この働きである。しかし心は胸や心臓にあるものではなく、大脳と小脳の間の脳下垂体と視床に挟まれた、間脳の中の心脳として活躍している。

思考や感情、五感の作用等に従って各種に反応する。心脳を覆う間脳は、心の衝動を常識の範囲内に制御する働きをする。常識については後で述べるが、常識とはその場における妥当な判断力のことである。常識が甘ければ間脳は心を甘やかす衝動を与えることになる。間脳は常に心を制御している馭者なのである。間脳はアルコールにも弱く、酒に酔う順は、間脳、小脳、大脳の順に酔い始める。最初に間脳が酔うために、心の制御が利かなくなり、勝手な行動が開始される。泣き上戸《じょうご》は泣き出し、笑い上戸は笑い出す。酒乱は正体を曝《さら》け出す始末になる。

常識内に言動を制御するには、この間脳がいかに制御を咄嗟《とっさ》に出来るか否かが重要となってくる。常識そのものも重要であるが、咄嗟な有事をいかに制御出来るかが重要であり、そのためには間脳の協力性を鍛えなければならない。「切れる」とか「切れた」とかの事象が発生した時に、その衝動を、いかに制御するかが人間になるか、人間失格者となるかの分れ道である。

衝動を間脳に制御させるためには、通常の道徳や常識も広く涵養《かんよう》することと、普断の努力によって堪忍、忍耐、我慢の心を鍛練することである。

殺人、強悪犯罪、いじめ等の予防対策には間脳の訓練が重要な課題である。

テロ組織や邪な宗教等も、間脳の訓練を研究課題とするべきである。

今や人間界の各人の「心」とは、時には無限なる宇宙以上に大きく変化し、時には分子や原子よりも小さく変化する。強烈《バイオレント》に激しく燃え上がるとみるや、死んだように心を閉ざす。あらゆる場所、事象、時点の状態のもとで千変万化する。その時々の事象は、各人の間脳の制御に個人差があって、その大きさを象徴し、結果善悪を創出す根本原因となる。

それは人間性を決定するものであり、そこに人間として生きる条件の修業が始まる。すなわちち、道徳、常識、我慢、堪忍、忍耐、寛容、擁護等の心の研鑽を旨とした心の条件をマスターして行かなければならない。

また、心に邪気等の衝動がある時は、心は脳内にあることを意識して、先ず間脳で制御すべく、静かに冷静に、ゆっくりと次の行動の可否を整理して反応すべきである。キれたとか、かっかとして息巻いた時にこそ反応動作には時刻《とき》を持さねばならない。ここに「心の条件」の必須性が始まる。

【間脳は心の活動、思想、感覚を制御する指令塔である】

⑬⑦ 間脳は、個性、常識、制御塔
善悪制御し　人格造る

ちなみにお酒を二合程度飲んで、血液に〇・三％程度のアルコールが入った場合、ほとんどの人は言語が乱れ始め、呂律《ろれつ》が回らなくなる。これは小脳がアルコールによって麻痺を始めた状態である。間脳は、小脳よりも弱く、小脳より先に麻痺の症状が現れる。間脳とは、人間の癖、個性、常識、我慢、堪忍、寛容等を制御するもので、「お前、咄嗟だが、それをしてはいけない。それをやっても良い」等の指令を咄嗟にする。ゆえに間脳が麻痺すると、抑えが効かなくなる。泣き上戸、笑い上戸、怒り上戸等の症状が個性むき出しに現われてくる。すなわち間脳が酩酊し制御不可能となり、やりたい放題が始まる。さらに進むと小脳が酩酊し運動神経が麻痺して、呂律が回らず動作が不可能となる。

大脳は最後まで酩酊から守るが、酒量がすすむとやがては、大脳までが麻痺して、知能、記憶が衰退する。

【堪忍袋の緒はキレてはならない】

⑬⑧ 一寸《ちょっと》待て　堪忍袋の　緒も締めず　何がキレたか　先ず整理せよ

「キレる」とは、急激な怒りを、個性等を制御管理する間脳が、抑え切れず、爆発させた現象である。

この急激な衝動の制御に当たっては刺激伝達物質セロトニンの働きが大きく関ってくる。常に豊かな心を養成・涵養し、「人間の条件」に徹した人は、急激な怒りが爆発して神経伝達物質アドレナリンの働きが高まってもこのセロトニンが大きく作用し、「キレる」をコントロールして、人生破滅の危機を逃れる。

智能・心の鍛練もなく寛容の小さい人は、普通の怒りでなく、アドレナリンによる急悪なる反応をコントロールするセロトニンの活性が低いため、人間性を失なった悪魔と化すのである。

我慢、堪忍、思いやりの心の涵養が「人間の条件」に徹する重要な条件である。

【己の心でありながら、表裏もあれば、深浅もあり、数千万の葛藤もある。人間、苦娑婆で衝動が渋滞すれば間脳は制御不能時となり最大の危機が現れる】

⑬⑨

我が心　十重《とえ》に二十重《はたえ》に　しがらみぬ
人の心の　奥ぞはかれぬ

己の心も表裏あってままならぬものである。ましてや他人の心の内が解ろうはずがない。

【心大なるものは、人を叩《たた》く者に対してその人をあわれと思う】

⑭⓪ 叩かれて　笑う大きな　その心
前向き思考の　道は明るし

堪忍、寛容の教えである。

唐の国に韓信《かんしん》という武将がいた。若い頃、無頼《ぶらい》の者たちから、いじめやら、いやがらせに遭い無頼たちの股潜りをさせられた。

「何故潜りしか！」と尋ねれば「人間様の股などはめったに潜れるものではない。貴重な体験をさせて頂いた」との見解であったという。これが有名な「韓信の股潜り」の一節である。

「若い日の貧乏や苦しみは買ってでもしろ、逆境、苦しみは貴重な体験である」と父は教えた。

江戸は元禄、綱吉公時代「仮名手本忠臣蔵」の一節である。

君主の仇討《あだうち》のための東下りの「神崎与五郎則休《のりやす》」は、茶店にてなぶられ、手打ちにせんとしたが「今は堪忍、暴君の仇討の身上なり…」と、心をなだめて、堪忍袋の緒を締め、武士あるまじき土下座をして事なきを得たという。「燗酒《かんざけ》よかろう海苔《のり》が安い」と罵った馬子《まご》は、後日亡君仇討の話を聞いて、頭を丸め高輪泉岳寺の寺守りになって、亡き神崎に心を捧げたという。

大志を抱く者は、叩かれてもなおその痛さを喜びに替える力を秘めているものである。叩かれてもなお人の痛さを感じ、またやみくもに人を叩く、傷つける等そんなことしか出来ない人の心を嘆くほどのものである。

【心正しければ何人も恐れじ、ただそれは常識の程度にもよる。常識も最良の心の相棒である】

⑭ 我が心　正しくありて　人はつき　邪念の道に　正義通らず

いち目《もく》の総統、団体の宰相や富裕な名士でも心の通らぬ常識外れの行動は、人をリードする立場の人として絶対にしてはならぬ。また許されるものではない。いやしくも人の上に立って人を指導、リードする最高責任者は尊い多くの生命を背負っていることを忘れてはならない。

人間として、各自がその場における各自の責任を持って生きることが「人間の条件」そのものである。諺言「正しからずんば、我れ百万人の反対あれど突き進まん」がある。

しかし今や多数決裁の時代である。勇気と頭脳を活性して、正しからずんば大衆を説得し納得させて進む時代である。

明治維新の抜刀隊は、「邪はそれ正に勝ち難く、硬き心の一徹は、石に立つ矢の例《ため》有《し》り」の精神で突き進んだともいう。

人の道を正しく生き進もうにも、己も解らず、人も解らずでは、正しい道は進めない。人間として生存していく正しい道は、大自然が授けた「生命の継続」にある。即ち「子孫繁殖、繁栄」の大憲章を守り抜くのが人間の条件である。

⑭ 煩悩《ぼんのう》に　心しがらみ　翻弄《ほんろう》され
色と欲とで　仇《あだ》なす行為

身心を悩ます欲望煩悩は、色と欲にしがらむ人心を更に翻弄し、身のほどを知らぬ人や間脳の活性が未熟な人は、罪悪の中に人生の露と消え去って行く。

⑭ 子育てし　子孫繁栄に　貢献し
心おきなく　去れる幸せ

人間の基本条件の、子孫繁殖、繁栄を果した人は、最高の幸せ者である。
魚類の鮭でさえ、稚魚のうちから川を下り、大海に出でて体力を練成し、古巣の川の厳しい急流や滝を登り綺麗な水源地にて夫婦となって産卵をし、その身は稚魚の餌に供するという。生命の尊さを知る。

【パラサイトの子供の心を察する時、良心の呵責に耐え難し】

⑭④ パラサイト　求め育てて　可愛い子
育ての親の　心尊し

子宝に恵まれない夫婦が代理母による出産いわゆる、試験管ベビーという選択肢により、子をもうけ我が子として育て上げた。

実子ではなくとも、育ての中に親子の絆、愛情が生れる。その人情こそに親子の喜びである。

（パラサイト＝ここでは「借り腹」の意）。子供に恵まれぬ、人生にも、他人に愛を注いでこそ、人間の条件繁栄の心に通ずる。


【絆とは血縁のみでなく、心の絆も立派な絆である】信頼し合える親友がいるということは、誇れることである。

⑭⑤ 絆《きずな》とは　心と心を　結ぶ糸
絆の糸には　血をも通いぬ

絆には遺伝子を含む親子の絆、切っても切れない五本の指の兄弟姉妹家族の絆、互いに培った友情の絆等がある。心を結ぶ絆は心と心の情愛を結ぶ糸となる。特に他人同士の二人で築き上げた夫婦の絆は最高の尊さがある。
唯我独心の、我のみであるという孤独の心が、絆の糸で相手の心と交流し、相互に信頼が生れ、血縁にも勝るほどの相愛の中に発展する。心の絆を造れることこそ、心の条件の活性の根元《こんげん》ともなるものと信ずる。そして幸せはここに生れる。

【孤独感は、人間の条件、子孫の繁殖を自ら求める仕組みの一貫である。この己のみで充足することのできない心は、ベターハーフによってある程度信頼と融合性を得る】

⑭⑥ 孤独故《ゆえ》 愛求めたり 邪気《じゃき》も持《じ》す 生き抜くために 我に打ち勝つ

人はすべて、「天上天下唯我独心」として生存するように仕組まれている。独心なるが故に自分なりの、自分を鍛えることが出来る。独心なるが故に、いろいろな物を愛しそれらに接近し、研鑽する意欲が高まる。年頃になれば身も心も自ずから異性を求愛し、やがては子孫繁殖、繁栄の悦楽、快楽は頂点に達する。成長の過程において、自己研鑽が足らず、己を知らず、邪気に支配された時、明るく希望に満ちた人生は断たれ、滅法子《めんはーす》へと落ち込んで行く。（滅法子＝中国語で最後の手段も消え失せるの意）
尊く楽しい人生に生れきたのだ、まずは己を磨き、他人を尊重する精神を身につけ、何事にも忍耐、努力して、人を傷つけることなく、我に打ち勝って人生を進まねばならない。

【夫婦は契り合っても、その心は独心である。ほどよい距離が善い条件である】

⑭⑦ やきもちを　焼いて焼かれて　きた二人　心の先まで　焼いて焼かれて

夫婦ともに、やきもちを焼き合えるなんてなんと幸せな家庭ではないか。夫婦として太く赤い心の絆が出来てはいるが、そこが独心のよいところで。心は我のみが知るもので、夫婦といえども心の奥までは解らない。契りを結んで例え絆が結ばれていても、相手の心の先まで知れるものではない。杓子定規には量れないものである。夫婦の人生、せちがらく物事を追い詰めるものではなく、ほどほどに相手にも余裕を与えなければならない。お互い信じ合えば、赤い絆を断ち切るほどの切れる鋏《はさみ》は、この世にはない。絆を裏切ってに走っても「本木に勝る末木《うらき》なし」、浮《うわ》つく心は実にならず、眼《まなこ》すって立もどる。それより自分の心を大きく見開いて、信じてやりなさい。さすれば自ずと二人の世界が活性するという、大自然が与えた独心の仕組みである。

【心は個人独特のもので、誰が介入できるものでもない、催眠術、マインドコントロールにしても、心を許すのも心、許されるのも心であり、小手先の技で操つれるものではない】

⑱ 判らぬは　人の心の　奥底で
判らず仕掛《しか》けりゃ　事件《じけん》にしがらむ

心とは、自分だけのものである。いろいろと深く付き合ったからといって、相手の心の奥底が解るものではない。つい先ほどまでは相思相愛の感じはあったかも知れないが今がチャンスとの独断で行為に及んだその刹那、ほほを叩かれ恋が破れることもある。
まだ叩かれたくらいで済めば上出来で、痴漢、セクハラの汚名着せられ処罰を受けた例もある。

【若者は恋もしたいが、手口《てぐち》が分らず行き止まり、もっと心の常識学ばにゃ駄目だ】

⑲ 独心の　仕組みに泣いた　若者は
深く反省　己の分別《ふんべつ》

【己が心を磨いてさえいれば、人の心もほんのりわかる】

⑮⓪ 心ほど　見えざるものは　なかりけり
されば磨くは　我が心から

【死んだ先がこの姿だと知りながら、即身仏の心の奥ははかり知れぬ。その名を刻むためならそれは空なり】

⑮① 生涯を　心と闘う　僧侶あり
即身仏《そくしんぶつ》に　なりての修行《しゅぎょう》

僧侶は、時として人道研鑽のため我が身を犠牲にして心の修行を果たすこともある。苦娑婆を歩めば歩むほどに、世のしがらみや心の葛藤が絡みつき、心は千々に乱れる。時刻《とき》が解決してくれては心また一つにまとまる。千変万化する己が「心」を悟りては、人道の生き様そのものが開眼する。

僧侶は、苦娑婆を彷徨し、また時には滝に打たれひたすら「心」を求める。さらに人の心の奥義を求めんと、山中は昼なお暗き森林にこもり、座禅を組んで断食し、風雪露に濡れ、寒気氷霜に堪え、心の葛藤と闘いつつ、生きながらにして死に体となりて、そのものが御神体と化す。

まさしく即身仏！、人に生まれ邪気の心に己が闘う人間の生き様を永遠に刻むものである。

ちょっとしたことに、我慢もならず「キレタ」等と言って、己の修行、研鑽もなく、他人に当たり、傷つけ、迷惑をかけるなど、もってのほかの不心得である。

「正しき『心』の条件」を体現すべく深山に今も御座《おわ》す即身仏には心が洗われる。

東北道、奥州は出羽三山の羽黒山、月山、湯殿山において、人生久遠の心の修行が決行されたのだ。

尊き人間の生命を「空の心」に結びつけんとする象徴である。人間の心とは、かくも偉大なものであり、人間が持すべきは、心の条件が基本となる。

「即身仏」こそは、彫像、鋳物でなく、生身の仏像であり、拝願する者の心に、その心が直接刻み込まれるようである。

人は皆、子供の時から心の修行と、義務教育、人間社会のマナーや道徳の精神を身につけて、正しい一人前の人間になることに努力し成人しなければならない。

人類七十億人すべての人が、他人事ではなく我が身のこととして、世の中を正しく生き、我が心こそが我を幸せにする基本であることを銘記すべきである。

幼少児を抱える親族、義務教育に当たる家族と教師は、心の指導を最優先にして、人格の中に知能を啓発することが望ましい。「正しい心の研鑽」の神髄は道徳にある。

【月の満ち欠けを心の戒めとして己を磨く】

⑮②

此の世をば　月を心の　鏡とし
　欠け行く月を　吾戒《わがいまし》めとなす
【宗教といえど人の心を悪用することがある。マインドコントロールや洗脳などは許せない行為である】

⑮③

邪宗教　人の心を　制御して
　世を乱しても　己が幸を得る
【植物も生物である。音楽を楽しみ昼夜の光にも影響されという】

⑮④

植物も　人間同様　知覚あり
　自然楽しむ　力持つなり
【我が心の悪魔は、己のわがままなる心にて御《ぎょ》し難い】

⑮⑤

海賊を　破るは易く　心中の
　賊を破るは　いとど難し

我が心の悪魔を降伏させる第一条件は、己の心のさまざまな欲望「十魔の欲望」に打ち勝つことである。外敵が仕掛けてきた時は、まず己の血気を抑え、制御することが肝要である。

⑯不思議な世　びっくらこいたが　生きる道
　心正しく　覚悟の前進

【とにかく世の中は心正しく進むことである】

⑰孟子《もうし》孔子《こうし》　アラー、キリスト　世造りは
　人の心に　徳開く道

【世界の聖人は、人の心に徳を開くための説法者である】

⑱人生は　心に鍵を　かけ進め
　手近の欲に　負けりゃ破れる

【人生において欲が最大の敵である。欲をよく選択しなければならない】

【卓越せる技量を得るためには、努力と訓練を怠ってはならない。その結果、心技体で力が発揮

できる】

⑮⑨ 人間の　心技体での　決断は
卓越したる　精神による

【人の和は人を善くしようとする相互の連鎖反応である】

⑯⓪ 人の和は　生きる心の　連鎖にて
人がよければ　我はなおよし

【うまい話術とは聞き上手のことをいう】

⑯① 話術とは　相手に合わせ　心寄せ
相手に話を　させて聞き役

【職業に貴賤なし、どこにでも誠意が認められる】

⑯② 客を引く　誠意のこもる　靴磨き
靴の先まで　錦の心

163

【人と接する上で、心が通わずしては話しは通らず】

初対面　心の扉　開けていく

さすれば花咲き　実が実るらん

164

【招待に応じて訪れてくれたその心だけでも嬉しい事である】

招待に　先方来訪　有り難し

全身捧げて　喜ぶ心

165

【人間は馬鹿でも利口すぎてもいけない。少し大様な人に心引かれる】

人間は　賢すぎても　愚鈍でも

優しい大様《おおよう》　心引くなり

166

【商売は何事もお客様本意がよい】

何事も　安くて旨きを　施せば

味が味出し　客が客呼ぶ

⑯⑦

【涙を流して感じてくれた一粒の涙は、ダイヤの輝きなり】

一粒の　涙に重き　力あり
　人の心の　玉のしずくや

⑯⑧

交際《つきあい》は　話術の奥儀　聞き上手
　人の心の　奥に入り込む

⑯⑨

【恋心】

恋愛は　愛を学びて　苦も学ぶ
　つらく切なく　妙に楽しく

⑰⓪

【女の直感】

女性とは　一人の男を　束縛し
　狭く深くと　浸りゃ満足

⑰1
【人生は信じ合い助け合う世界】
人の世は　心極めて　お互いが
信じ助けて　共に喜ぶ

⑰2
【心まで感動させるのが料理長】
心まで　料理をするが　料理長《コックチョウ》
味一匁《あじいちもんめ》が　大黒柱

⑰3
【心は永遠のもの】
一時的　不遇受くるも　我が信念
永遠《とは》の心を　目指して進む

⑰4
【純朴な心に人は引かれる】
世事万端《ばんたん》　塾達者より　純朴で
謹む姿に　心ひかるる

⑰⑤

【人の価値】

人の価値　心は広く　その行為
七分を見せて　後は謹む

⑰⑥

【和気は常に楽天地をつくる】

天、地、人　心の持ちよで　楽天地
一日たりとも　和気なかるなし

⑰⑦

【人生は平凡でよい】上見れば嵐のような雲去り、川の底には足すくう黒き魔物が影潜む。

人の味　淡味が極致　真の味
聖人なるは　至極平凡

⑰⑧

【広き心で世を処する】

世に処すは　広き心で　包容し
死後の恩沢　永遠《とは》に伝えん

⑰⑨ 【功名と恩恵】

怨まれず　世渡り出来れば　功名で
恩売る心は　過《あやま》ちと化す

⑱⓪ 【利得や報酬を期待するな】

恩恵を　施す人の　心には
利益、報酬　無用の怪物

⑱① 【心の書】

人心を　書にたとうれば　生命《いのち》また
善書の道に　活きる糧《かて》見る

⑱② 【心の花】

培《つちか》いし　心の花は　永遠《とこしえ》に
活け花の美は　一刻《ひととき》の見え

⑱③
【長生きだけでは、生きがいもなし】
高官と　なりし運命《さだめ》に　ある人も
世に立たずして　酔正夢死《すいせいむし》の徒《と》

⑱④
【心の光は世界の光となる】
本体に　心の宿る　その時は
昼夜別なく　光明が射す

⑱⑤
【福を拾えば禍を避ける】
招福は　大なる心に　飛び込みて
禍《わざわ》う人まで　喜びに化す

⑱⑥
【心は常に暖かく】
温かき　心の主に　幸が舞い
冷酷な人　万物枯死《こし》す

⑱7

【大自然は生物の親】

天然に　心ゆだねりゃ　ゆとりあり

欲望の道に　苦境の罠あり

⑱8

【心の実り】

聖人の　空虚の心に　道理入る

欲望入る　余地がなくなる

⑱9

【心の働き】

心澄み　我が真実の　姿見ゆ

静《せい》、閑《かん》、淡《たん》は　天地の大道

⑲0

【心の真の静けさを掴む人】

騒の中　静の心に　なれる人《ひと》

真の境地の　楽しみぞ知る

⑲1

【己を支配するものは己の心である】

人の世は　自分の心に　依るもので
善くもなったり　悪くもなったり

⑲2

【誠心の一念をもつ】

誠心《まごころ》で　石に立つ矢の　試しあり
偽妄《ぎもう》の人には　置く身とてなし

⑲3

【心の使い方】

身の振舞　心の使いは　爽やかに
人は我れより　上と見るべし

⑲4

【良心の目覚め】

心には　善と悪とが　からみ合う
心機一転　悪魔を払う

⑲⑮
【うそに気を許すな】人に企《くわだて》ある人は、巧みな手口で人を操る。

心底の　解らぬ人と　軽き人
心ゆるさず　口は慎め

⑲⑯
【心の緊張と緩和】

折に触れ　心は緊張　緩和する
心眼覚めりゃ　無病息災

⑲⑰
【心は急変する】

この世界　空に急変　ある如く
人心もまた　斯《か》く変わるなり

⑲⑱
【大きな心】

叩かれて　笑う大きな　その心
怒りこらえて　奥ゆかし哉

⑲⑲ 【艱難汝を玉にす】

艱難を　鍛冶屋のふいごで　鍛うれば
心身ともに　正宗の太刀

⑳⓪ 【逃げ道を用意してやる】

激戦に　逃げ道与える　名将の
心は相互の　生命救う

戦いばかりではない。激論を戦わせる場合にも相手を思いやりながらの議論が大切である。

⑳① 【言葉の功徳】

言葉にて　人を救うも　功徳なり
物より心の　偉大さを知る

【急いては事を仕損ずる】

⑳②　お急ぎの　御用であらば　ゆっくりと
　心静めて　したためられよ

信長の使命で、森蘭丸が秀吉に使いに出された時の言葉である。

【お互いの信じ合い】

⑳③　お互いに　信ずることの　尊さよ
　清き心が　なせる業《わざ》なり

【人情】

⑳④　人情の　厚きは春の　心にて
　花も咲かせりゃ　身も結ぶなり

㉕205

【雑念を去る】

雑念を　去りて心の　清ければ
人自から　我を崇《あが》めん

206

【外見はそれがそのまま評価ではない、評価は人がするものである】

人心は　外見評価を　するでなく
人格大小　あばくものなり

207

【心は宇宙を駆ける】

人は持つ　宇宙に叫ぶ　喜びと
希望の心が　空かけ巡る

208

【慈悲の心】

慈悲あらば　天地は調和　潔白な
心香し　清し人生

209

【無欲の心】

心がけ　無欲で　甘えず　倹約の

豊かな心に　福は付くなり

210

【心の度量と包容力】

度量とは　心の広さで　包容し

善悪賢愚《ぜんあくけんぐ》を　共に受け入る

211

【心身の修養に入念なオリンピックの選手達】

実行は　念には念を　入れて立つ

心身修養も　百千錬磨

212

【一見、かけ離れた行動が、せっかちを避ける】

草木は　山頂よりも　裾好む

人も豊かな　心に集う

⑬

【成功者となるか、失敗者となるか】

成功者　人心清く　気を配る
　強情のみでは　失敗の基《もと》

⑭

【何事も冷静が良い】

慈悲持てば　心は豊か　卑しくば
　こせこせ縮み　幸も去りぬる

⑮

【友を選ぶ】

「働いて　戴く」心に　人動く
　友選ぶには　吾身を磨け

⑯

【争い事の多い人と功名心のある人】

節義ありゃ　温和な心で　世に接し
　功名ある人　常に謙遜

㉑⑦

【口を心の門、意志を心の足とせよ】

意志は足　口は心の　門にして
厳しく育てよ　禍《わざわい》の門《かど》

㉑⑧

【泰然自若の姿】

太公望　悠々自適の　糸を垂れ
人魚《ひとうお》勝負　水の深さよ

㉑⑨

【歳月の長短は気の持ちようによる】

自ずから　仕事に追われ　歳月を
短くするのは　持つ心から

㉒⓪

【生物、万物は真理の象徴なり】

万物は　悟道《ごどう》の要訣　真理持つ
天然《てんねん》の美も　活きる心も

㉑221

【無欲になる清らかさ】

心中に　欲望去れば　澄み渡り
俗界《ぞくかい》遠く　仙郷《せんきょう》に住む

222

【ゆとりの心】

ゆとりある　心の人は　生《せい》永く
小さき部屋も　宇宙の広さ

223

【無欲の人生】

無我無欲　境地に立ちて　道往かば
楽しき心に　苦は走り去る

224

【病と死に心を秘める】

死の病　心に秘めて　道を往きゃ
色欲名利《みょうり》が　去りて清らか

㉕【常に生死無常を意識して生きる】

有閑時　精神磨き　臨終は
生死無常で　心は不滅

㉖【天地に悟りをもつ】

悟る人　喧騒静寂《けんそうせいじゃく》　心《しん》不動
常に自由で　無碍《むげ》なる天地

㉗【人生無心の境地】

名月や　下界隈《くま》無く　光さし
静けさ過ぎて　無心の境地

㉘【人生も淡泊なる方が良い】

淡味《たんみ》こそ　人の心に　融け込んで
長閑《のどか》な心　長く続ける

㉙
【無心にして心理を掴む】
眞の価値　故意に弄《ろう》して　真理去る
無心なものが　真理を掴む

㉚
【五感から真理の境地】
五感から　無心の境地を　悟る時
天然の美が　心の会得《えとく》

㉛
【懲り過ぎて欲張るなかれ、そこには苦の道が待つ】
心中に　愛着の欲　貪《むさぼ》れば
楽園転じて　苦難の世が待つ

㉜
【動と静の環境】
動と静　環境により　異なりて
静は心を　清《きよ》く修める

㉝33

【あばら屋といえども、住めば都のよき住まい】

身はたとえ　月のさし込む　あばら屋に
寝ても心は　清くあらたか

㉞34

【秋こそ心洗われる】

春姿　心躍れど　秋がよし
影《かげ》に心が　実る豊かさ

235

【万物を心が馭する】

万物は　心によって　変化する
疑心暗鬼《ぎしんあんき》は　心の迷い

236

【欲は不幸を招く】

欲心の　からみし人は　動揺し
空虚な人は　心平静

㉓⑦ 【朝露の心】
朝露の　風雅をえがく　心には
悠々自適の　人生を知る

㉓⑧ 【運命に流される心】
運命は　名声恥辱に　心なし
平然として　それを眺める

㉓⑨ 【心清くして誘惑に勝つ】
誘惑は　心の欲に　負けたもの
清き心が　真実を見る

㉔⓪ 【素直さが風雅を招く】
風雅なる　詩情の楽園　求むるは
心、自然の　素朴《そぼく》に宿る

㉔1
【死んで花実が咲くものか、お骨拾いに人の死悼む】世界は、我が心の一部なり。

苦婆婆とて　死んではなみが　咲くものか
　火葬の骨に　心開かん

㉔2
【苦婆婆、浮世のよさを知る】

身と心　磨きて婆婆の　よさを知り
　悲しくもあり　楽しくもある

㉔3
【人情が心を築く】

人情に　開眼すれば　安楽に
　毀誉褒貶《きよほうへん》に　不動の心

人情《にんじょう》とは、世間の甘い辛いの人の味。

【素直な心で書く】

㉔㊹
天然の　絵画、彫刻　書は心
素直に動く　腕《かいな》の妙技

㉔㊺
【清き心に迷いなし】
人の道　心が清く　澄みたれば
如何なる生活　苦にはなるまじ

㉔㊻
【悟りを開く】
誰にでも　心の中には　悟りあり
自我を捨て去りゃ　自然に浸る

㉔㊼
【生物や人間の各種感情、千差万別のすべてを常住不変のものと考える絶対の認識】
絶対の　認識に立つ　世の目では
この境地こそ　無心の心

㉘248

【悟ればどこでも極楽の園】

えいままよ　悟れば何処でも　極楽地
心一つで　苦悩は開放

249

【精神の機動】

生命の　心は常に　生き生きと
精神根源は　触れて発動

250

【心を天に任せる】

心身を　天に任せて　解放し
思いのままの　生気《せいき》を浴《あ》びる

251

【雪夜の月に心清まる】

積もりたる　雪夜の月が　輝いて
心自然に　融けて和らぐ

㉒

【物と自分は共に空寂である】

物と我　宇宙事象は　空寂《くうじゃく》で
　心は主観や　客観となる

㉓

【風流を楽しむ】

風流を　楽しむ心は　悠々自適
　自己流無手勝《むてかつ》　浮世の流れ

㉔

【幸、不幸は心がつくる】

自然の美　悠々と身に　近づくは
　自然を友と　心した時

㉕

【世界の幸、不幸は己《おのれ》がつくるものである】

人生の　幸や不幸の　根源は
　全て己の　心が造る

256
【偽り、企む心がなければどこにあっても公明正大でいられる】
偽りの　心の世俗を　脱すれば
霞《かすみ》の山路に　隠《かく》る要なし

257
【山の大自然】
頂上に　登りて見ゆる　空の青
心の底まで　すがすがしかな

258
【心の大きさ】
心とは　大きくもてば　無限なり
小さく持てば　一粒の砂

259
【苦あれば楽あり】
一面に　心身苦労し　反面は
余裕を持ちて　趣味を楽しむ

㉖⓪

【人の真理はどこにもある】

人心は　落ち着く処に　真理見ゆ
豊かに広く　悟る道あり

㉖①

【喜あれば憂いあり、憂いあればまた喜あり】

喜と憂の　心配とり去り　楽天命《らくてんめい》
順境、逆境　患《わずら》いはなし

㉖②

【生物はすべて己に生きている】

観賞の　植物動物　自ずから
心悟りて　実を結ぶなり

㉖③

【清い心が一生を助ける】

どこまでも　清い心を　抱き込んで
人生豊かに　自得《じとく》の心

㉖④ 【心の落ち着きが何より重要である】

気まぐれな　心の動揺　除くなば

自然の息吹　満ち溢れ出る

㉖⑤ 【心の基本は質素、清潔】

質素とは　おごらず飾らず　並姿《なみすがた》

清潔心を　続ける気力

㉖⑥ 【時には実力以下の生活もゆとりをもたらす】

人生は　実力以下で　生活し

余裕《ゆとり》の心で　人に明るく

㉖⑦ 【幸福の心をもたらすもの】

我以外　皆師匠なり　この人生

純情、理想に　正義の心

【初心とは】

㉘268 初心とは　入社試験の　その心
会社育てに　真剣勝負

【女性の本能】女性は愛に生き、子育てに生きている。

269 愛を知り　全てを捧げ　子を求む
女性の本能　すべて我がもの

【婦女子関係は場所をわきまえるべし】

270 役所での　婦女子関係　謹めよ
免角取り沙汰　色と欲なり

上杉謙信家訓より＝越後守護代・長尾影虎・直江兼続と戦国に続く

【謙信は、義の心についても名将であった】

㉗①　人間が　孤独で生きる　基本とは　私心なければ　疑心も湧かぬ

上杉謙信の義理がたさは有名である。NHK大河ドラマ『天・地・人』でも義人として称賛された。

一、心に物（慾）なき時は心広く、義理を行う。
二、心にわがままなき時は、愛嬌失わず。
三、心に私なき時は、疑うことなし。
四、心に驕《おご》りなき時は、人を敬う。
五、心に誤りなき時は、人を畏《おそ》れず。
六、心に邪見なき時は、人を育つる。
七、心豊かに勇気をもって進む訓え。
八、心に貪《むさぼ》りなき時は、人に諂《へつら》うことなし。
九、心に怒りなき時は、言葉和《やわ》らかなり。
十、心に堪忍ある時は、事は調う。
十一、心に曇りなき時は、冷静なり。

十二、心に勇ある時は、杞憂なし。
十三、心賤《いや》しくして、願うことなし。
十四、心に孝行ある時は、我道は明るし。
十五、心に自慢なき時は、人の善を知る。
十六、心に迷いなき時は、人が正しく見える。

【我慢会で強靭な心を鍛える際に引き合いに出される諺《ことわざ》に「艱難汝《なんじ》を玉にす」などがある。艱難、忍耐、我慢が人間の浮沈には重要な役割を果たしている】

㉗②

艱難し　我慢、忍耐　学ぶ人
　　何が来ようと　心で勝負

【人間を鍛えてやるのはよいけれど、あまければ効き目なく、強すぎたれば寄りつかぬ。相手を我と思いて暖かく育てる】

㉗③

心とは　重過ぎずまた　軽過ぎず
　　程々にして　実を結ぶなり

【人は零落して進退きわまった時、小さな人情が心に響くものである。常に人に対する思いやりの心が大切である】

㉗④

落魄《おちぶ》れて　袖に涙の　かかる時
人の情けを　肌で感ずる

【人は友の善悪により人格が形成される】

㉗⑤

人は友　水は器に　従《したが》いて
円《まる》くもなれば　四角にもなる

人の性質の善悪は友にところが大きいが、人を毛嫌いしてはならない。自分だって毛嫌いされることは十分にある。「朱に交われば赤くなる」の例えもある。しかし「泥中の蓮」のように意志強固な人は、何処にいても立派な行動が出来るものである。

【妄《みだ》りに戦をしてはならない。その前に和議を為すべきである。反目ばかりでは無駄な財力の消失あるのみである】

㉗⑥ 英気殺《そ》ぎ　戦わずして　勝つ手立て　根回しこそは　流血を阻止

露骨な琴瑟《きんしつ》は得策ではない。精力を浪費して世間から嫌われるのみである。西郷隆盛、勝海舟の松坂屋の一夜の談合が江戸城無血の明け渡しを実現させた良い例である。

⑬④

「我が心は己にしかない」

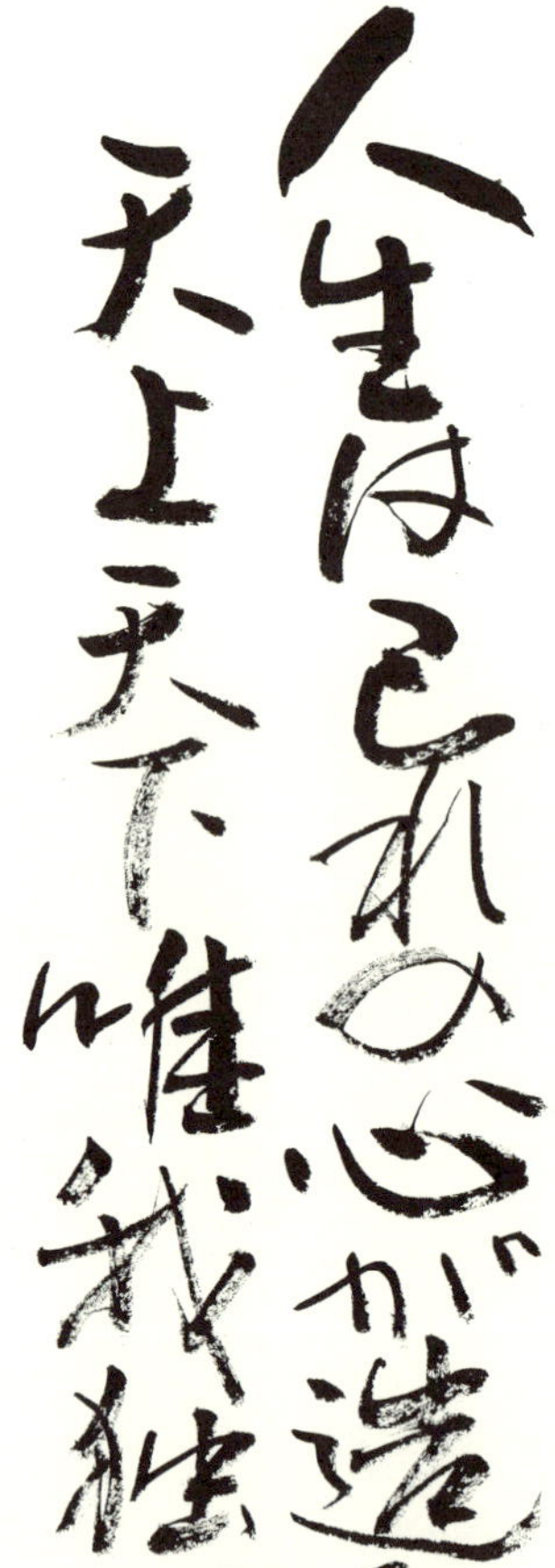
人生は己れの心が造るもの

⑬⑧

「堪忍袋がキレてはならない」

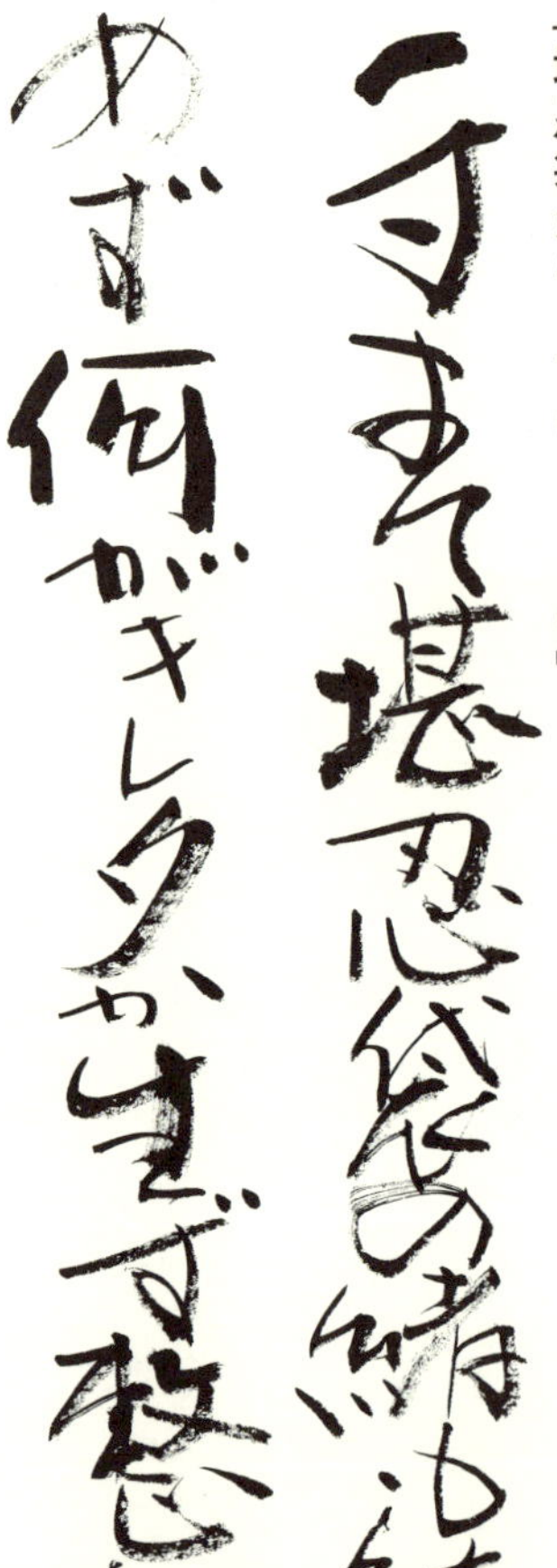
まず整理せよ

⑬⑨

「表裏ある我が心さえ馭せぬのに、他人の心の内には入れぬ」

⑰①

「人生は相互に信じ、助け合う世界」

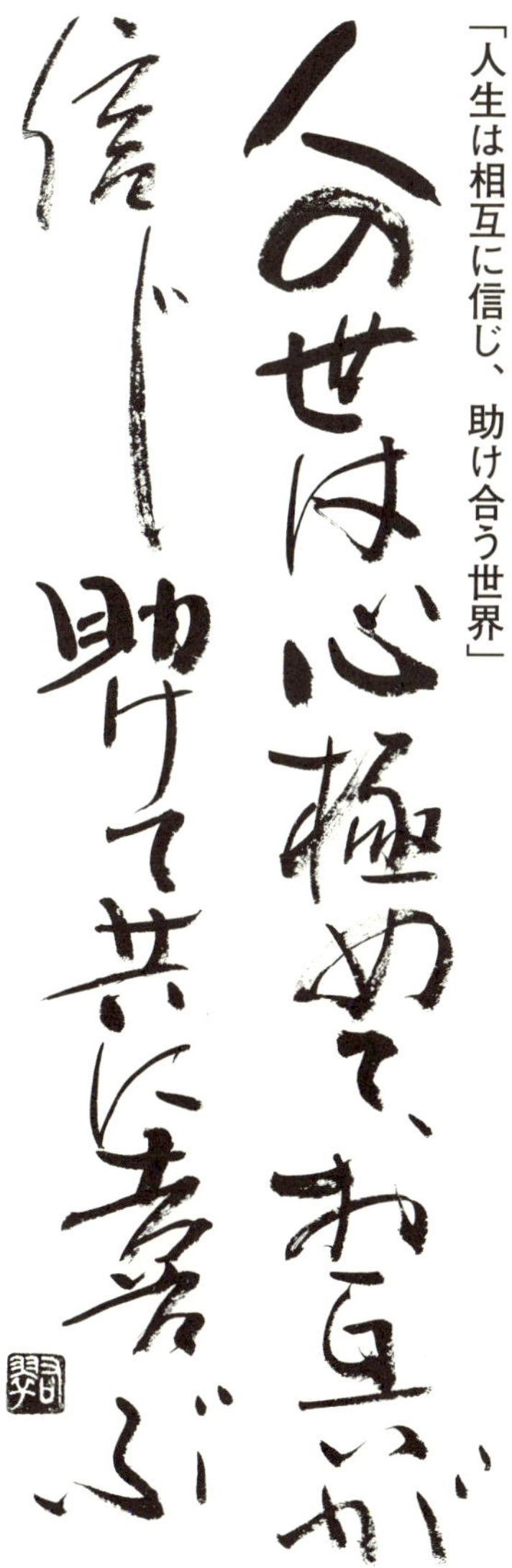

⑱⑤

「招福はすべての人に飛び入り、喜びと化す」

招福は大なる心に飛び込んで
禍あう人まで喜びに化す

⑲①

「己を支配するのは己の心である」

人の世は自分の心に依るもので
良くもなったり悪くもなったり

262

「すべての生物は己に生きる」

観賞の植物動物自ずから
心悟りて実を結ぶなり

272

「艱難汝を玉にす」

艱難し我慢忍耐学ぶ
何が来ようと心で勝負

第七章　人間の基本的条件（人類繁殖・繁栄の義務）

第五条　人類繁殖・繁栄の条件「大憲章《マグナカルタ》」

大憲章＝人間として成立するための重要な「おきて」や「法則」。

「生物」は、鉱物のみの宇宙に地球の元素を材料として太陽の熱と光合成によって、奇跡的に生命の息吹を受けて誕生した。この誕生した生命には、遺伝子（ＤＮＡ）により、寿命が定められ、これを継続する仕組みと、さらに継続して繁殖させる仕組みが与えられている。繁栄の褒賞として悦楽の園が与えられている。夫婦の和合は、ここに始まる。

【生命継続の条件】

277 生命を　造りし仕組みは　生物の
　子孫繁殖　繁栄に在り

㉗⑧

【夫婦の世界】

この世には　七十億人　ひしめくも

暮らすは夫婦　男と女

【人の生きがいは、家族を構成することから始まる】

㉗⑨

生き甲斐は　夫婦となりて　子宝と

努力積み上げ　和の城造り

【チャンスを逃がすべからず】

㉘⓪

人生は　一回勝負の　命懸け

チャンス二度無し　今こそチャンス

【百人一首は恋の文《ふみ》】三十一文字《みそひともじ》の、上下の句が人の心に絆を結ぶ。上の句を下の句説きて心が通う。

㉘1
恋の道　今も昔も　変りなく
百人一首に　乱れ散るなり

㉘2
【子造りの幸《さち》】
生まれ来て　愛の巣作り　子育てし
世継ぎ増やして　幸に舞う我

㉘3
【生涯に精魂を打ち込めるもの】
生涯に　精を打ち込む　仕事あり
惚れた仕事と　惚れたる女房

㉘4
【舞子さんにも色欲はある】
舞子さん　眞の姿は　振り袖の
内に潜《ひそ》ます　春情の影

㉘⑤【人間の基本条件は子宝の繁殖と子孫の生活を思い、社会を繁栄させることにある】

人は持す　生きる権利と　生きる義務
幸の世造り　子孫の繁殖

㉘⑥【結婚は凧のようなものである】

結婚を　何の凧かと　思う哉
心で舵《かじ》され　骨身うならす

㉘⑦【夫婦和合の尊さ】

人は皆　異性の中に　住むなれど
性を契《ちぎ》るは　夫婦なるのみ

㉘⑧【心と身、孤独も夫婦において結ばれる】

身心は　我が独身の　秘事《ひじ》なれど
縁結ばれて　許す合体

㉘⑨
【子造りには世間の目に縛られることなかれ】
娶《めと》る妻　三十億から　唯一人
世目《よめ》縛られず　造れ子宝

㉙⓪
【子をなせば、やがて分身、二世の世界が始まる】
産れ来て　子造り終えて　我は逝く
我が世消えても　二世へ続く

㉙①
【女性の心はベールにつつまれている】
女性とは　ベール着《き》こなす　スーパーマン
裸体姿に　邪気の恥じらい

㉙②
【芭蕉も紅葉によせて色欲をほのめかす】
裏見せる　紅葉の恋は　奥深く
芭蕉も人なり　色に染まりて

芭蕉は「裏を見せ表を見せて散る紅葉」なる句をも読んだ。

【妻を母のように感ずる】

293
年老いた　妻のまな板　母の味
痩せても技あり　心は温む

【結婚は世間に対する赤裸々の公約である】

294
結婚は　すべてに公約　赤裸々の
二人の生き様　見えても見えぬ

295
結婚は　二人の生き様　赤裸々を
見せて見られて　自由奔放

㉙⑥

【子造りは、人間に与えられし使命にて、上下貧富の差は全くない。人間条件の基本である】

王様も　乞食の身でも　それなりに
子造り子育て　楽園の城

㉙⑦

【見合いの席での椿事】見合いには、二人のみの時為を造る。

声もなく　寄り添ううちに　絡み合い
裾もはだけて　男と女

㉙⑧

【夫婦この世にあり】人生は常に単身・独心なれど、世界は夫婦二人のものなり。

人すべて　生きるも逝くも　一人だが
なくてはならぬ　連れ合いの道

㉙⑨

【夫婦子造りをより充実させるために】

性交《セックス》は　四十八手の　裏表
生涯かけて　八千八つ

【結婚はすれど、その心は独心】

海山ほどに愛する仲なれど、人の心を透視することは出来ない。

300

結婚し　生涯の愛　誓う仲
信じているが　されども孤独

【独身の青春は春を呼ぶ】

301

麦畑　男悶えて　菜畠じゃ
艶めく乙女　意地悪の神

【春の目覚めは、深窓の令嬢にも訪れる】

娘十八番茶も出花、身心弾《はじ》けて宙に舞う。

302

恋すれば　恥じらい乍も　訪れて
一足二足《ひとあしふたあし》　深くなりゆく

303

【生物すべて子孫繁殖の条件を有す】

単細胞動物は分裂繁殖もあるが多細胞動物は性繁殖が主である。

生き物は　子孫繁殖　子育ての
使命を帯びて　生まれ来たなり

野に咲く可憐なタンポポでさえ何百という落下傘を散らして子供の繁殖をしている。

304

【神でさえ色欲に反応する？】

神様も　艶事《セックス》覗き　色気付き
男女の恋に　いたずらをする

305

【春爛漫、若き二人の麦畑】

桜咲き　空に雲雀《ひばり》の　麦畑
若き二人の　恋の濡れ場所

306
【子造りに色と欲との褒美あり】
人は皆　子宝造りの　種族にて
色と欲とで　この世に活きる

307
【男は色気に積極的な仕組みがある】
この世をば　色気なくては　男にゃなれぬ
してもせずとも　女は泣く也

308
【人間雄雌《ゆうひ》は磁石の如し】
人生を　何の磁石と　思う哉
雄雌ありて　くっつき離れ

309
【夫婦とかけて時計ととく。その心は重なりあっては音をあげる】
結婚を　何の時計と　思う哉
針重なりて　音《ね》をあげるなり

⑶①⓪
【色欲は男も女も同じなり】
綺麗《きれい》ごと　言ってた淑女が　夜も更けて
裾を裸けて　誘い寄るなり

⑶①①
【鯉も人も清流に恋を遂げる】
清流を　鯉も連れ添い　さか登り
滝に乱れて　恋ぞ深まる

⑶①②
【初夜の情の目覚め】
初夜更けて　情に目覚めの　歓喜あり
主も妻も　美しく見ゆ

⑶①③
【子孫を繁殖させた後、一人となったが明るい人生観に満たされている】
苦娑婆でも　子宝造りて　満足し
一人になれど　心満たさる

【浮気の子、子芋を盗んで生まれた子―子供を見れば浮気が解る】

314
芋旨しと　子胤盗みは　露見せる
　DNA（遺伝子）の　影は恐ろし

【人間生れつき子孫繁殖の本能を持つ、それをもって幸の世造れ】

315
本能は　子造り育て　生きること
　覇者ともなりて　幸の世造り

【異性への愛は幼児から老人までが共通して持っているものである】

316
男女とは　神の仕組みし　恋衣
　幼児から成り　老後に及ぶ

人間は、生まれながらにして好き嫌いがある。三つ子の魂色気付き、やがて「男女七歳にして席を同じうするなかれ」と引き裂かれ、義務教育が終わる頃、反抗期となり口答え、番茶も出花の十八歳、体力ついて色気もついた。「水は方円の器に従い、人は善悪の友による」とか、悪くもなれば善くもなる。嘴《くちばし》黄色い青二才、二十歳過ぎれば自由の身、手当たり次第に色気に走る。

317

夫婦とは　この世の貴重な　合体期《がったいき》
　誤りあれば　礼儀で睦まじ

【夫婦であっても親しき仲にも礼儀あり】

318

まず身体　二は性格で　三頭
　四に器量で　婚儀《こんぎ》に到らん

【結婚の相手の条件、ベターハーフを選ぶ原則として、親に躾られた言葉、「そのためにはまず己を磨かねばならない」】

319

男とは　数多《あまた》の女を　欲望す
　されど女房とは　床の間の主

【女房は家庭の床柱、不倫をしても、「本木に優る末木なし」とか】

⑳

【妻の欲望】

金メダル　常に望むは　汝が欲望
　余人に譲れぬ　優勝求む

【楽園を望む夫婦】夫婦喧嘩を全くしない夫婦はない。結婚生活は「荒海を航海する船長と副船長になったものとして」生き抜かねばならない。

㉑

楽園で　永遠の夫婦で　暮らすには
　思いやりやら　先ずは忍耐

【女性の豊かな艶聞が時として崇められることもあるとか】

㉒

大女将　性の経験　重なりて
　女の長《おさ》と　崇《あが》められぬる

【昼下がりの情事】男女の節操とはいかなるものか。ナポレオンも后《きさき》に貞操帯を装着して戦場に出たという。

㉓
昼下がり　異性の友の　来訪に
　何のはずみか　夢現《ゆめうつつ》なり

㉔
【人生最大の幸福は家族によりもたらされる】
父母の愛の結晶が子宝であり、ここに家族の団欒が始まる。
人生の　最大幸福　家族の和
　親子兄弟　絆の愛情

㉕
【人生は、仕事と女房に惚れて楽園となる】
人生は　仕事と土地に　まず惚れて
　女房に惚れりゃ　楽園の園

㉖
【女房がどケチなくらいなほうが安定した家庭が築ける】
女房は　金に対して　合理主義
　経済元締　全権握る

㉗

【女性にも、性の血が流れている】

血管に　性欲造る　規律もつ
　女性はまさに　性の大御所

㉘

【人生の目的の一つは快楽の追求にある】

快楽を　追求するのに　ある人生
　快楽無限　至福なる愛

㉙

【色情も足るを知る】

満腹の　食後に旨さの　味はなし
　色後《いろご》の淫《いん》も　去りて欲なし

㉚

【功名・富貴と色と欲への過度の執着は捨て去るべきである】

人の世は　功名・富貴に　色と欲
　執着心《しゅうちゃくしん》を　捨てて聖人

331

【心を複数逢わせればそれに倍する力が出る。毛利元就家の三兄弟】

心とは　独心なれど　合わせられ

二人併せりゃ　強さ四倍

332

【似た者夫婦でうまく生活、それはそれなりに、幸がある】

おかめ顔　いたずら仕草が　なお可愛い

飲兵衛亭主の　くだまきに似《に》て

333

【人が並ぶと競争心が湧くものである】

人を凌ぎ　出し抜きたいは　人の常

その快感に　満足がある

運動会やら、ゴルフコンペ、オリンピック大会等もそうであるが、競って優位に立とうとするのは、名誉や銭、金の問題だけではない。人を出し抜く優越感は全ての人間をかりたてる共通な原理である。この原理は、男性の精子が数億の仲間を蹴散らして生れ出た生命の基礎からのものである。

【隣《となり》の島が、アメリカ・ハワイの房州館山】

㉞

(黒潮の鮮魚揃えて客に幸呼ぶ)

いい湯だな　館山塩海《しおみ》に　小金湧き
　　　　　　　　　　　鯨や鯛が　酔う活き造り

(小金は姓名＝黄金のなまり)

285

「人間の基本的条件」

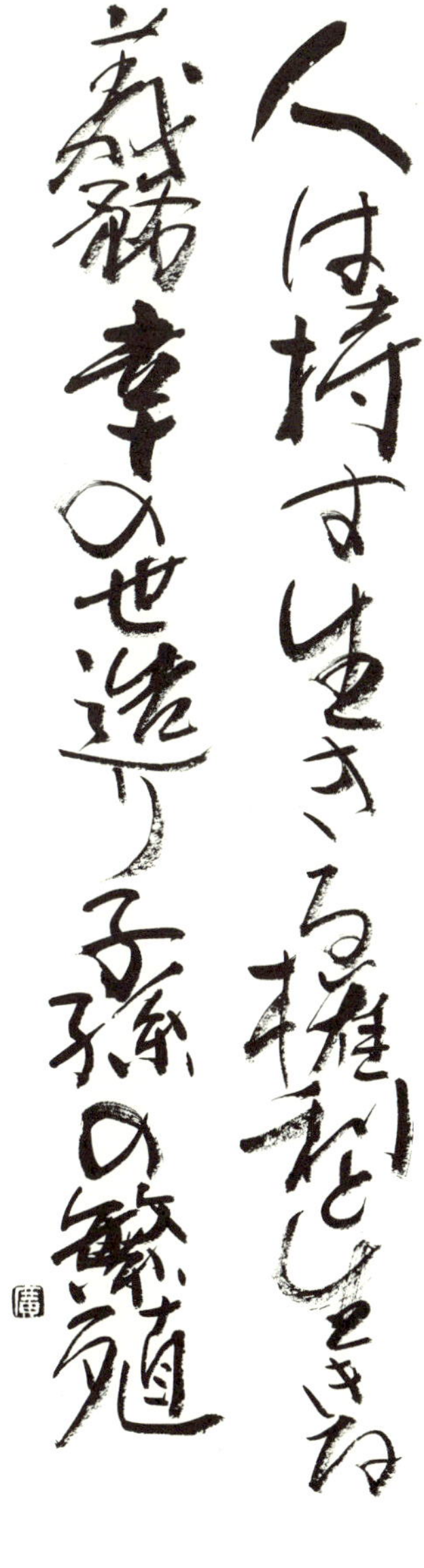
義務
幸の世造り子孫の繁殖

296

「人間には差別なく人間条件の使命が与えられている」

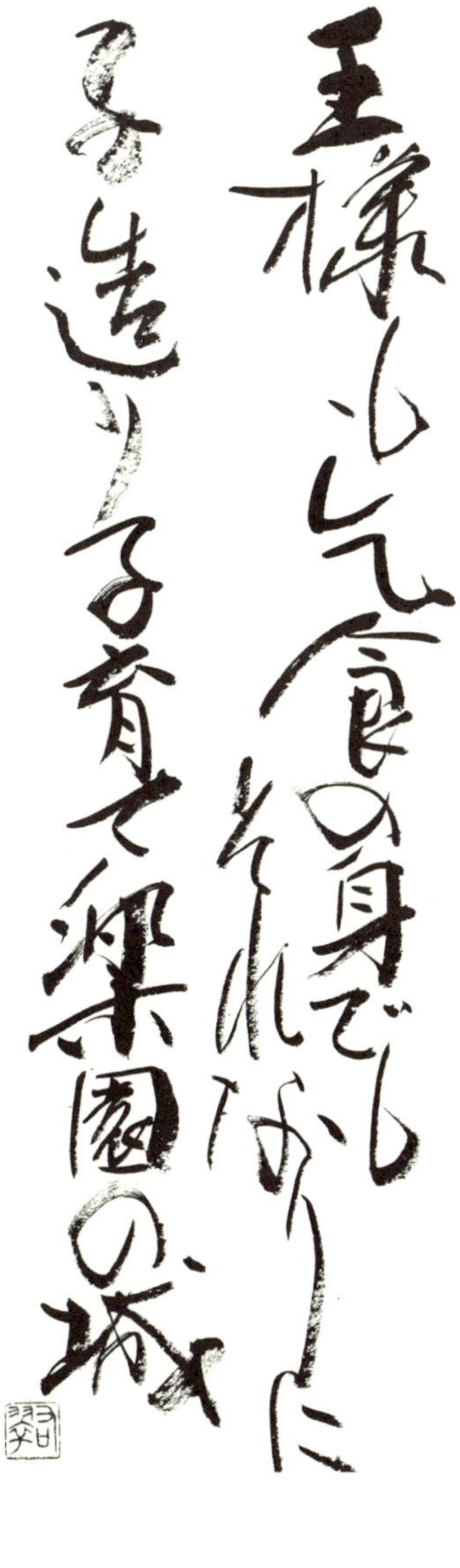
王様も乞食の身でもそれなりに
子造り子育て楽園の城

第八章　家族制度（家訓に生きる）

第六条　人生は家族制度に始まるという条件

㉟　生物は　森羅万象　悉《ことごと》く　種族の繁殖　繁栄にある

三十五億年前、太陽系惑星・地球の元素と、熱と光合成により奇跡的にも生命の息吹として「シアノバクテリア」なる生物が誕生した。これが現在、地球上に一億種類にも進化増殖した「生物」の正体とされている。生物界のほとんどの生物が弱肉強食の中、種族毎に繁殖、繁栄の生存競争をくり広げている。

また地球では、炭酸ガス効果による環境変化、人間生命を継続させるための地球資源の減少、太陽熱、地球熱の変化等が発生しており、いかにして人類の繁殖、繁栄を図らねばならないかをもう一度考え直すべき時を迎えている。そもそも万物の霊長たる人間には、各種族間の生存競争ではなく、現在の環境問題をいかにして解決するかの危機に直面、遭遇している。人類一体となって地球資源問題への対策に取り組むべきである。いまや生物由来による水素開発も行われている。

人間がこの世に生存する人生の第一歩は、家族から始まる。すなわち、夫婦、子供の一体感が人生最初の絆を造るものである。

これが人間の大憲章「子孫繁殖、繁栄」の第一条件である。

【太古の時代から家族制度は存在していた】

㊱ 家族して　マンモス追った　古代人　家族の立派な　制度があった

まず家族が円満にして、子孫を繁殖することができ、善い子どもたちが養育され、善い社会が繁栄するものである。

家族の幸福と発展についての人としての操行を条件について私なりの見解を示す。

家族の円満と一族の発展のために、指導方針を子孫に残したものに「家訓」がある。

家訓は奈良時代、吉備真備《きびのまきび》の『私教類聚《しきょうるいしゅう》』に始まったといわれている。

【日本で一番古い家訓に「芸は身を助く」とあり】

㉝⑦ 財産を　千万積むより　薄芸《はくげい》を
身につけたれば　常に助かる

㉝⑧ 【芸能は遠慮せず身につけよ】
芸《げい》、知能《ちのう》　いくらつけても　重くなし
つけりゃ人生　軽く動ける

㉝⑨ 【宇多天皇家にも家訓が存在した】
宇多天皇　寛平遺誡《かんぴょういかい》　心得帳
天皇政治の　金科玉条

㉞⓪ 【武士の家訓の始まり】
仁と義と　文武両道　心とす
北条家訓は　永く続けり

㉛341

【北条時代の家訓】

渋柿も　干せば甘露に　渋も抜け
人も修行で　丸く甘味《あまあじ》

342

【人間は身分相応が良い】

人は皆　分相応の　己知る
蟹は甲羅に　似せて穴掘る

343

【社会全体を親類と思って愛すべし】

神《しん》、物《ぶつ》、主《しゅ》　親を敬《うやま》う　心にて
心は寛大　すべてを愛せ

344

【秘め事の相談に際しては相手を心して決断せよ】

相談は　信頼出来る　人選べ
大事は己　のみで決めるな

㉟345
【誰にでも進んで挨拶をすべし】
挨拶は　先手必勝　誰にでも
言葉かければ　心が通う

346
【酒の席は平等に、されど地位の高人には敬意表す】
酒の席　誰についても　平等に
羽振りの人には　尊敬の念

347
【人の讒言《ざんげん》を聞いて一方的に判断するな】
成敗は　両方聞きて　判断し
心静めて　是と非を決断

348
陰口を　聞かば表の　声も聞け
聞き合わせてぞ　道理の是と非

㊾349

【自分は世間にも評価されて生きている】

毎日を　反省鏡《はんせいかがみ》で　生き抜こう
　世間は吾を　如何に評する

350

【宴席では品格を問われることあり】

宴席で　高座下座《しもざ》は　思案場所
　中程上《かみ》見て　品《ひん》よく座る

351

【北条重時の極楽寺家訓】

江戸時代の町奉行大岡越前は裁きで、この心に徹したという。

生命に　かかわる大事　裁くとき
　道理退《ひ》いても　救うが心

(352)

【身分相応の振舞が大事である】

何事も　身分相応　見栄《みえ》は敵
一歩退《さが》りて　相手を立てよ

(353)

【長男に領地、役職をつがせるのは、親族一門を繁栄せんがための親心である】

後継者　長男故に　親族を
繁栄させて　六親《ろくしん》守る

（六親＝父・母・兄・弟・妻子の六種の親族の意）

(354)

【妻子の意見には、絆の血が通っている】

何よりも　妻子の意見　貴重なり
愚痴《ぐち》であっても　心の支え

㉟355

【ちょっとしたことで争うほど、馬鹿げたことはない】

愚かなり　つまらぬことで　争うな
時が無駄なり　効果なきこと

㉟356

【親は真剣に子供を養育している親の背を見て進め】

親の言《げん》と　茄子《なすび》の花に　無駄《むだ》はなし
他人の言《げん》より　先ず親の真似《まね》

㉟357

【人間は常に地獄と極楽の表裏一体の道を歩いている】

人の世は　一枚紙の　裏表
背中《せなか》合せの　地獄極楽《じごくごくらく》

㉟358

【企業は人なり】

企業家は　人材起用が　命なり
社長も人なり　部下も人なり

359

【今川壁書にある家訓】

勝つ道は　文武磨きて　実行し
内助の功に　心置くべし

360

【仕事に授かった感謝の念】

奉公は　主ありてこそ　働ける
怠けることなく　謹んでやれ

361

【信賞必罰にて清き会社を目指す】

主たるもの　部下の善悪　見極めて
信賞必罰　清き力に

362

【家族の心を気づかう】

行住座臥《ぎょうじゅうざが》　家族すべてに　気を配り
長幼の序　心に刻む

【酒による交際は上手にせよ】

363
さりげなく　盃交わすは　心の縁
酒は飲んでも　呑まれちゃならぬ

【どこにも人間養成の場はある】

364
雑談の　中から耳学《じ》の　知恵がつく
交わる人で　人格もつく

【酒席の芸がなくとも気にせぬがよい】

365
小利口者《こりこうもの》　芸の上手は　その場だけ
芸はなくとも　気にせぬが芸

366
花咲けば　動物だって　心湧く
森羅万象　春は曙《あけぼの》

【大自然が醸す生物への息吹】

大自然は常に生物に対し生命の絆を問いかけている

炭火展交流心の表現画

2

クリの散歩1

クリの散歩

一　ボクを捨てたのは何故　呼んでも答えない
ひとりぼっちにしたのは　誰
おとうさん　おかあさん　どこにいるの
さびしいよ　どうして

二　元気になったぞ　もう負けないぞ
丘にのぼるのも　平気だ
花の香りを追いながら　走る
ひとりの道も　たのしいものだ
　病弱だった　クリ
貰われて　ストレスもあったか
下痢が続き　生後半年で
危篤状態に
奇跡的に回復し　一年後のいまは
足腰も丈夫になった

三　クリはお散歩大好き
花に浮かれ　草の匂いに酔って
お散歩　さんぽ
仲間に出会えば　鼻すりよせて
仲良くしようぜ
吠えられては　首をすくめ
笑顔には跳びはねて　尾をふり
なにを見ても　興味いっぱい
お散歩さんぽは楽しいな

㊲㊲

367
【秘書は側近であり、社長の内秘扱い者である】
側近に　常に心を　配るべし
殿の心の　奥ぞ知らるる

368
【立派な人は庶民の言葉を聞く】
政治人　庶民の言を　貴とびて
庶民に通じた　心尊し

369
【北条早雲の夜更かしのいましめ】
早寝せよ　ずるずる夜更かし　無駄ばかり
早起きすれば　三文の得

370
【表裏の三つ巴】
三つ巴　知恵に勇気に　力なり
蛇に蛙に　ナメクジ不吉

371 【人生救助】

人助け　医師は薬師　聖人は

人に心の　慈悲を授ける

372 【戦国三英雄の性格を現したホトトギスの句をめぐって】

英雄の　性格知るや　三名歌

殺すか鳴かすか　鳴くまで待つか

373 【徳川家康が家臣を戒しめた歌】

家康は　家臣の姿を　戒めて

世の人々の　心を悟す

(一) 人の一生は重き荷を背負いて遠き道を行くがごとし、必ず忙《いそ》ぐべからず。

(二) 不自由を常と思はば不足なし。

(三) 心に望み起こらば、困窮したる時を思うべし。

(四) 堪忍は無事長久の基《もとい》。

㈤　怒りは敵と思え。
㈥　物好《ものずき》は末に嘆《なげ》くことありと知れ。
㈦　勝つことを知りて負けることを知らざれば害その身に至る。
㈧　唯おのれを責めて人を責むるな。
㈨　何事も及ばざるは過ぎたるに勝れり。

【加藤清正は尾張に生まれ、賤ヶ嶽にて秀吉の家臣となった】

㊳④　清正は　家臣に覚悟の　七カ条
文武奨励　信賞必罰

【毛利元就の教訓】

㊳⑤　家中無事　なれど乱れの　はじめなり
三本の矢で　三児を諌《いさ》める

【伊達正宗の遺訓】

㊱ この姿婆に　客に来たよな　心意気
苦しむ勿《なか》れ　有難き哉《かな》

伊達正宗壁書に、仁、義、礼、智、信あり。

㈠　仁に過ぐれば弱くなる。（思いやり、情、仁徳）
㈡　義に過ぐれば固くなる。（正しいこと、道義）
㈢　礼に過ぐれば諂《へつらい》となる。（礼儀、作法）
㈣　智に過ぐれば嘘をつく。（知性、知識、はかりごと）
㈤　信に過ぐれば損をする。（信義、まこと、信頼、うたがわない）

仁、義、礼、智、信は人生に大切な要素であるが過ぎたるは全く裏腹《うらはら》の反対になる。心して人道を歩むべし。

377 【水戸黄門壁書】

人はただ　身のほどを知れ　草の葉の
露も重きは　落ちるものなり　光圀

378 【家訓はまず子供の養育から根拠を示すものが多い】

子育ては　過保護にて　厳足《げん》らず
放縦な子は　父母を恐れず

379 【益軒《えきけん》家臣訓】

名医から　儒学を学びし　益軒は
道徳指導で　人々救う

貝原益軒《かいばらえきけん》は、福岡藩の医科に生まれ次の家訓を残した。

(一) およそ家内の平日の用心は、かねてより早くすべし。来年秋までの糧米《りょうまい》を備え、次に塩を貯え、乾肉乾魚をつくり、薪、炭、油をかねてより集むべし。右の貯えなければ家の計りは絶滅す。

(二) 家の禍《わざわい》は、多くは利を求むるよりおこる。

㈢ 親戚とはときどき招きて饗応《きょうおう》すべし。

㈣ 家の主人たる人は、讒《ざん》を信ずべからず。

㈤ 富貴の家に、貧賤《ひんせん》なる親戚の出入りするは主人の愛のあつきことのあらわれで、その面目《めんぼく》とすべし。かかる人の来たるを恥ずべからず。

（貝原家家道訓）

【動物の生存は、家族から始まる】

㊳⓪

狐さえ　北の僻地で　家族を守る

人間界は　家族が絆

㊱336

「太古の時代から家族制度は存在していた」

家族して マンモス追った 古代人
家族に立派な制度があった

㊳378

「家族の躾は厳しくせよ」

子育ては父母過保護にて厳足
らず放縦な子は父母を恐れず

第九章　義務教育及び成人指導

第七条　義務教育・成人のための条件

【複雑な社会生活で生きる人類には義務教育は必須です】

㉛381 人生は、寿命の三割　教育で
　　育った子等が　子孫の繁殖

人類の継続《けいぞく》は、人間のDNA遺伝子の指示による。人間の「使命」大憲章は、人類の繁殖と繁栄させることが第一条件である。

四脚動物のライオン、象、鹿、牛、馬等は生まれ落ちるとすぐに立ち上がり、教えもしないのに親の乳房に飛びつき吸いつく。その隙間《すきま》もあらばこそ、強食の相手が襲いかかる。親子共に命からがら逃げ回る。生れた時から生存のための教育期間はない。生まれ落ちた瞬間から命がけで生き延びる。これが動物に与えられた種の継続の遺伝子である。

人間は加護の厚い万物の霊長故に義務教育やら道徳指導に、二十年かけて育てられ、一人前の成人に養育されて、やがて世帯をもって生きて行ける。

人間として生れた運命に感謝する。

【幽明、境を界にしながらの父の悲鳴は今でも脳裏に響く】

㊳82 死ネねえよ　死なねえよでなく　死ネねんだ
三児《さんじ》抱《かか》えた　父の悲鳴は

一町歩そこそこの水飲《みずのみ》百姓の大黒柱が五十歳の働き盛りで幽明を界にしてゆれている。五十歳に満たない妻を残して。

子等三人は、小学生の食べ盛り、金食い盛りで貧乏盛り。過日の秋台風で三反歩の田んぼは流され、親子総出で改修中では、大黒柱の親父は、死ねるものではない。

死にきれぬ思いで逝った後、後に残って、貧乏盛りの苦娑婆の中を、子等三人を抱えて生き抜くは、五十前の母一人。

貧乏のどん底で、月謝にも事欠く子等三人も、歯を食いしばり我慢した。それでも人生、どうにかしてでも生きねばならぬ。母は言う「苦しいからといって人にうしろ指をさされたり、笑われるような生き方だけはしたくない、なんとしてでも生き抜いて貧乏暮しを這《は》い出さなけりゃならねんだ」子等三人は、小さいながらも、母を助けて頑張ろうと、小さな手と手を握りあって誓ったものだ。黒板をチョークの粉が走るのまでもしっかり見つめて頭に入れた。学期末、三人揃《そろ》って代表の優等生に選ばれ、母をチョッピリ喜ばせられた。心配していた月謝の話を母はしてはくれなかった。
流された田んぼの「苦しみながらの改修工事」の中で宇宙への関心や開発心が生まれた。

【義務教育は成人まで続く】

㊳㊸ 子育ては、六歳までが　家族の和
二十歳まで　教師と家庭

義務教育は学問ばかりではなく、躾に操行、道徳、体育等が含まれ、これらは家族が主体でやらねばならない。学問や知育に至っては、教師が中心となるが、教師もまた、精神や心の指導を怠ってはならない。とくに落ちこぼれ対策、小さなきっかけで不登校や勉強嫌いが始まる。勉強の出来、不出来による嫉妬《しっと》からの「いじめや」「不登校」等も引き起こすちょっとした欠席にも気を使う過敏性が望まれる。

【年頃の学年の道徳指導は親の責任である】

㊳⑭ チビがきに　色気がついて　毛が生えた
躾ける教師は　家庭の両親

チビだ、ジャリだとあしらっていた子が中学生となり、身体も成長してきて反抗期となった。学校で智能頭能の教育はするが、発達していく身体や精神教育には、家族のデリケートな指導がなければならない。特に現代はテレビにパソコン、携帯電話、インターネットの情報化時代。学生時代やチビがき時代は、何でも物珍《ものめず》らしく、善悪解らず触れてみる。特に困るのは悪友にである。

「水は方円の器に遵う。丸い器に入れば丸くなり四角の器に入れば四角の体形をとる」人は善悪の友による。特に教育中の純粋なる子供達は水と同じで友により即、善悪の道を走る。子供がいる以上正しく育て上げるのが親や家族の義務である。

通学時に、悪友に「眠け覚ましに」なんて「覚醒剤」なんかを進められたら一巻の終りである。使ってからではもう遅い。面白半分、若げの蛮勇でやってみないとも限らない。その後の人生『積木くずし』の例もある。悪の芽は早いうちに摘まねばならぬ。親は「忙しかったからびっくらこいた」じゃ済まされない。

「先生どうして気がつかなかった」や「学校が悪い」なんて責任論を言ってる場合じゃない。今や我が子が国法破り、収監沙汰の真っ最中。こうなる前に、夫婦揃った家庭の教師としては、責任は重いが、社会に潜むライオンの餌食にならぬよう、加護と教育を怠ってはならない。一人立《ひとりだ》ちするまで頑張ろう。

【自由奔放は許されぬ、罪あらば当然罰はあるべし】

自由の裏には責任がある。スタンダールの『罪と罰』には徹したい。

㊳85 自由超え　個人主義から　人殺し　こんな人間　育てちゃならぬ

刀鍛冶、赤いうちに鉄は打て、打ってぶち曲げまた焼いて、砂鉄を撒いてまた焼いて、焼を入れなきゃ名刀正宗切れ味良い刃の刀は出来ぬ。人間だって同じこと、義務教育は、たった一人の人間が七十億の人間社会を一本どっこの一人立ち。人類社会の繁栄託される。

義務教育の精神を忘れずに、人の役に立つ人間になるように努力しなければならない。

【色欲はとかく勉学を妨げるもの】

(386) 十六歳　色気芽生えて　自《おの》ずから
自由の愛の　責任を知れ

十五歳で昔は元服し、大人として認められた。身心ともに大人の体勢である。現代では十八歳を向えれば結婚も許されている。恋愛の自由を叫んでも致し方ない。しかし子供ができれば親としての責任が自ずと生じる。そうなったら立派な子孫の繁殖の使命が果たすよに、頑張るのみである。

【中学校のエピソード】

(387) 体操で　伸ばした脇の　毛が視《のぞ》き
とぼけて見たが　皆がくすくす

中学の高学年は思春期である。体毛だけでなく各所に変化が現れる時期。家族は接し方を慎重に。

(388) 体操で　横一列の　右習《みぎなら》え
困ったもんだ　元気な悴《せがれ》

男性は、時により何でもないのにこのような現象が起こることがあり、自分ではどうにもならないものだ。教師や親がなす厳しい躾は、親子が納得し合うということを習慣づけることが大切である。

【成人前の教育】

㊳⑨ 学校は　一人前に　なるためさ　徳と常識　叩き込まなきゃ

己を磨き、一人前になって、異性と結婚し、子宝を育てていける家族を造るための、義務教育や道徳教育は、誠に有難いものであり、おろそかにしてはならぬ。努力や勉強、心と身体と頭脳の育成は自から進んでやらなければならぬ。

㊴⓪ 頑張ろう　義務教育を　通過せにゃ　人にはなれぬ　ニャンにもなれぬ

人生二十歳までは、人生の基本の学習である。特に十六歳までの、義務教育を疎かにするようでは、射精時に蹴散らしてきた数億の同志に対し申し分け立たないが。義務教育では、徐々に伸び行く身体や心、性発育に、真っ向から立ち向かう勇気を与えてくれる大事なものである。

「俺は自分の好きな事をやって身を立てる」なんて言っても、世の中そんなに甘くはない。野球、サッカー、バレーにバスケ、水泳、陸上数々あれど、プロになれるのは、ほんのわずかである。勉強が駄目でも山下清画伯などの社会に貢献できる立派な人もいるが、しかしこのような素質がある人は、さらに少なく、とても普通じゃなれやせぬ。

たとえ教育がなくても、悪事にだけは手を出さず、自分なりの能力を磨き、家族を養い生活出来りゃ、それはそれなり立派な人生である。更に努力し子宝育てりゃ一人前の人間である。そして世の中良くなるように努力をすれば、人間条件の完成である。

391

【自叙伝が、義務教育に力を貸した】

自叙伝《じじょでん》は、我れにも修養　身について
社会の為に　尽くす基礎なり

392

【成功談は人生の励みとなる】

成功談　真似《まね》てるうちに　身について
判断力が　世の為になり

393
【自惚れを捨て、努力して才能を磨くべし】
自惚れて　見れど才能　同じこと
　怠け遊ぶか　努力をするか

394
【自分を馬鹿とする得策もある】人生には、馬鹿に成りきることが必要な場合もある。
世渡りに　自分の馬鹿を　知るは良し
　他人の馬鹿を　責めるは馬鹿なり

395
【いろいろな病気をしたが、立派な体になった人は本当の健康を知る】
病気だけではない、色々な経験がそれである。
幾度びか　浮沈をくぐり　抜け出せば
　大海原が　両手差し出す

【常なる錬磨により人情の機微がわかる】

396

人生は　予期せざること　連《つら》なれり

若き錬磨が　人情機微知る

【難関の先にこそ光明はあり】己を磨くには真正面から。しかし他の側面もあることを心中に含むべし。

397

難関は　真正面から　立ち向い

克服すれば　成功が待つ

【常時やる気のない奴は、何をやっても無駄である】

398

礼儀作法　躾ない奴　使い込み

家庭乱れて　人間破滅

【大善・大悪は僅かなものから成長する】

㊾399

最初から　大善大悪　生じない
わずかなものが　大きく育つ

400

現職に　全精力を　傾注し
真剣勝負は　自己の研鑽

【現職に全力を注ぐ】

401

善く学び　良く遊ぶのが　学校で
体と躾は　親の責任

【義務教育と子供の躾】

402

いじめられ　今に見てろで　努力した
チャンピオンベルトが　腹に輝やく

【かつて自分をいじめたやつが謝まりにきた】
ちょっとした許せるいたずらならまだしも、「いじめ」ともなれば悪となる。

403 【人生長く、失敗は成功の基である。努力と根性が何より大切である】
失敗は　したが一途に　再挑戦
続けた先に　玉光りたり

404 【字は人の性格を写し出す。字は大切な基準である】
履歴書は　内容よりも　字質《じしつ》見る
字は書く人の　代表面接

405 【一度に飛び上がろうとするのが失敗の基】（登山では、その一歩一歩の踏ん張りが生命線である。）
人生は　ステップアップの　努力から
へリじゃないんだ　一度にゃ飛べぬ

406 【出番前の準備を常に整えておく】
人間は　出番待つ間に　修業する
あせらず急がず　準備して待て

407

骨折れる　今の仕事は　より楽し

苦しき仕事　我れに集まれ

【青年が成人となる際の心意気】苦しい仕事こそ、己の実践のための勉強である。

408

企業には　顕微鏡より　双眼鏡

先見者《せんけんしゃ》の目は　世界を見る目

【企業の目は世界に向いていなければならない】

409

リヤカーを　引き人生の　勉強し

実践事業を　身体に秘《ひ》めた

【義務教育の心が隹《すべ》てを築き上げた】某社長は東京大空襲に遭った際に焼野原の瓦礫の山に埋もれた人々を救うという商売を始めた。今は下町浅草の会長として皆のために働いている。

【水は方円の器に従い、人は善悪の友による】
学生時代は育ち盛りで多感に多くのことを学ぶ時期である。友は大事な人生の添木《そえぎ》である。

⑷⑽
己より　優れた友を　数多く
持てばレベルが　アップするなり

【新入社員が一角の社員になる心意気】

⑷⑾
吾が力　フルに活かせる　この企業
小さい程に　勇気百倍

【新入社員の心意気】

⑷⑿
目覚めたり　自主独立の　精神に
我れが行動　我れが責任

【心臓や肺を制御する脳は言わば生涯眠らない脳みそである】
（眠らない脳＝中脳・大脳辺縁系・延髄・橋・等）

⑬ 眠る脳　眠らない脳　共存し
脳幹生涯の　生命を保障

⑭ 視床下部　橋や延髄　眠らずに
心臓・肺を　生涯動かす

【六十兆個の細胞のうち重要細胞もまた、休まずに活動するものもある】

⑮ 体内の　重要部分の　細胞は
脳波に頼らず　自力の活動

#【眠らない脳と細胞、眠る脳】

脳幹が眠ると、心臓、肺等、心拍や呼吸が止ることがある。大脳辺縁系を含み生涯眠らず活動している脳がある。重要細胞もまた眠らずに活動している。

心臓や肺は眠らずに働いて大変と思うが脳の指令塔が眠らずに指示している。

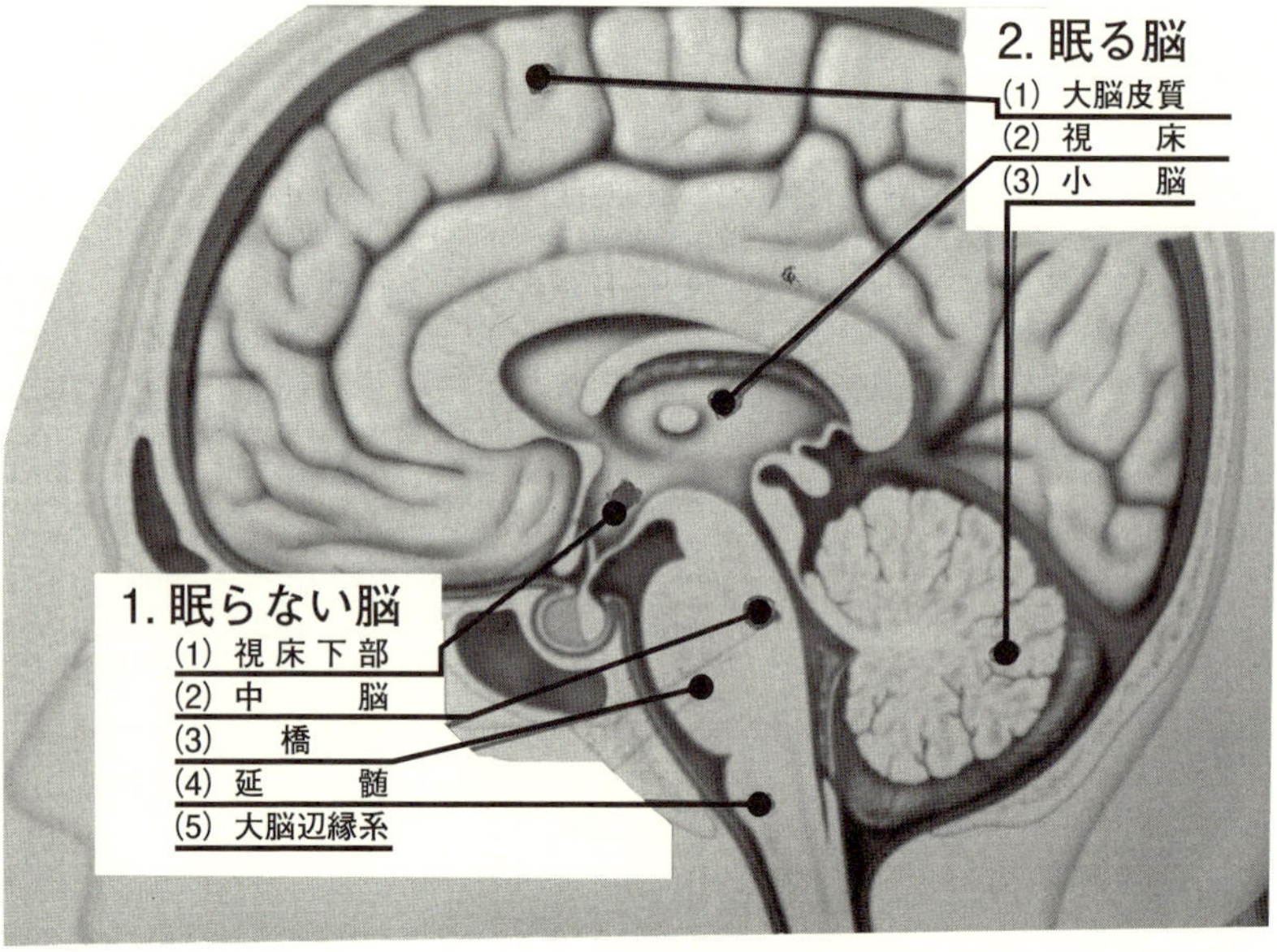

⑯416

勉強は　せわしき時に　なお実る
　やる気学ぶ気　寝ても勉強

【仕事の時間にこそ勉励すべし。その他は脳みその休み時間。仕事の合間の勉強は、効率が高い】

⑰417

発明は　眞剣努力の　中にある
　血の出る開拓　労苦に生《う》まる

【必要は発明の母ではあるが、その先に更に開拓のための苦労が重なる】特許の取得は出発点に過ぎず、実際に開発するには出血多難（資金や設備）な覚悟を要す。

⑱418

踏まれても　なお立ち上がる　道芝が
　大地にしかと　根を生やすなり

【道端に生えた芝は、それなりに艱難し努力している。人間も同様である。艱難辛苦し立ち上がる苦労が大成の源である】

【人生には命がけの瞬間が待ち受けている。余力をつけてこれに臨まん】

⑲ 勝敗は　決定瞬間　命がけ
　　余力の訓練　踏ん張る精神

【若き熱意をぶつけてみよう】

⑳ やって見よう　飛びつきゃ希望が　見えてくる
　　磨けば腕に　匠《たくみ》の光

【才能は活かしてこそ価値がある】誰にでも、何らかの才能が必ず発揮出来るものである。

㉑ 才能は　誰にもあるが　活かすには
　　意志の強さと　行動力で

【進歩しようとする努力に目覚めよ】

㉒ 自覚せよ　不完全なる　我が姿
　　常に進歩の　努力を活かせ

㊸423

【栄冠を獲得するには断固たる決意が必要】

努力なく　栄冠望むは　浪費なり

湧き出させるは　断固の決意

424

【決断は早目に、時機を逃すな】（真の決断とは、大半の人がする前にこそ、するものである）

決断は　三割内が　潮時《しお》で

五割の賛成　決断でなし

425

【失敗は成功の基、落胆してたら何にもならぬ】

失敗は　落胆するな　汐を待て

貴き経験　見事な成功

⑯426

【才能とは人生を軽くしてくれるものではない。才能があるから人生が簡単に送れるなんてことはない】

才能は　欲求がもつ　理想にて
苦悩と知恵で　絞《しぼ》りし宝

⑯427

【自力で立上る勇気を持て】（へこたれるような、やわな心で事に臨むな！）

負けること　へたばることは　簡単だ
生まれたからにゃ　活きて頑張れ

⑯428

【人生は七転八起、負けてたまるか！】

つまづきは　前進する身の　基本にて
七転八起　光る道踏む

【学問には謹しみや俗気のない趣《おもむき》が必要である】

㊾429
暖かき　春気《しゅんき》が物を　慈育する
学には謹慎　不動が肝要

430
好奇心　若さのはしりぞ　逆行し
孤立・独行　凡人の業
【孤立、独行する人に永続きはない】

431
学問で　度量と見識　育て上げ
徳を高めて　人格を為す
【徳を厚くしたければ、度量を広くすることである】

432
鋼鉄は　熱きに打ちて　少年は
若きに鍛えて　人物となす
【子供は若い頃にしっかりと鍛えておかなければならない】（成熟して打てば、「骨が折れる」のみ）

433

【字の無い書を読み、絃のない琴をひくようにして真の心が知がる】

凡人《よのひと》は　無字の書知らず　絃のなき
琴弾《ひ》く知らず　眞心はなし

434

【詩心覚えて道徳を行えば人間の心が生まれる】

無学でも　詩心《ししん》を解し　真味《しんみ》得る
道徳に動き　玄妙《げんみょう》を悟《さと》る

435

【自分を躾けるのは、自分である。そして世のためになるために】

修養は　己で躾ける　我が心
堅固《けんご》に育てて　世を救い得る

436

【若い時代は帰らない。心せよ！二度とない人生だ】

青春は　二度ないところに　価値が有る
男ざかりを　無駄に過すな

㊲

437
【何事も楽しいことは皆でやろう】陰でこそこそしてはならない。

楽しみは　皆で味わい　なお楽し
独味《どくみ》は喉に　つかえ通らぬ　（独味＝毒味）

438
【苦学はしたが、説法が出来るようになった】

懐中に　書物かくして　読書して
数多《あまた》と交《まじ》わり　正道を説く

439
【猟師が熊に出逢った。命がけで矢を射《い》た。近づいて見れば熊に似た大きな岩に、その矢が突き刺さっていた。強い信念が何事も成就する】

信念で　石に立つ矢の　例《ため》しあり
当って砕けろ　試練の姿

【一番簡単に電気を起こす方法はプラスチックの下敷をこすること。そしてセーターやシャツを脱ぐ時の静電気は簡単に起こせる電気のチャンピオン】

⑽440
静電気　動けば体に　帯電す
　雲が動けば　一万KW《キロワット》

【発電機をもった魚はなんだろう】

441
発電機　もった魚の　三つ揃い
　鰻《うなぎ》に鯰《なまず》　海のシビレエイ

【人間もある種の発電機を持つ】

442
心臓が　動くと発電　心電図
　心臓電流　電気の流れ

【電流には直流と交流の二種類あるが】交流は、そのサイクルが重要である

⑭③
電気には　一方通行《いっぽうつうこう》　往復道《おうふくどう》
往復切符は　ヘルツで購入
（直流は一方通行のみで、交流は往復通行をする）

⑭④
ボイジャーは　四百W《ワット》で　二百年
アイソトープで　宇宙探索
【惑星探査機ボイジャーの動力源はアイソトープ電池の放射線エネルギーである】
（アイソトープは放射線エネルギー四百ワットを発電し、その科学上の限界温度はマイナス二百七十度である）

⑭⑤
一八七九《いわなく》も　電球の発明　エジソンで
日本の竹が　世界を照らす
【電球の発明者エジソンは「天才への道は90％の努力と10％の着想と言っている】

（一八七九年、エジソンとスワンが電球を発明した）

【東北新幹線やまびこは、東海道を走れる力はあるが、供給エリアの周波数（ヘルツ）が異なり、走れない】

㊻446

やまびこは　東海道は　走れない
　ヘルツを変える　変換機なし

（日本の一般電気の周波数（Hz《ヘルツ》）は富士川で50Hzから60Hzに変わる。）

【日本で最初に灯った電灯】

447

一番目　八七八《花屋》に灯いた　アーク灯
　電気記念日　三《み》月二《に》五《ごー》日《か》

（一八七八年三月二五日工部大学（現東大））

【日本最大の発電所】

⑱

福島の四六《白》九六《黒》万KW《まんキロワット》　最大で
原子炉六基で　関東ＯＫ

福島県の福島原発は、四六九六万kwで日本一。関東一円の一般家庭の電気を発電出来る。

【リニアーモーターカーが実現した。東京ー大阪間を近年中、一時間で走行する計画があり中央線試験車で実験中である】

⑲

モーターの　回転磁界を　平たくし
線路に並べて　磁石浮上車

【光と電気、どちらが速いか。星間距離を数億光年などというがどのくらいか】

⑳

スピードは　電気も光も　同速で
星の宇宙は　二百億光年

光や電気は同速で、一秒間に約三十万キロメートルを走る。稲光りは一秒間に地球の周りを七周り半走る。太陽光、レーザー光電波、電磁波も同様である。

【電子レンジで何故調理が出来るか】中味から温まる。

㊿①

レンジでは　水の分子が　振動し
　分子摩擦で　熱が発生

【ひかり号の東京―新大阪間の電力量は？】

452

新幹線　二《に》万《まん》ＫＷＨ《キロワットアワー》で　五百ＫＭ
　一般家庭の　十年分か

【日本最初の発電所は火力から】

453

一《人》八《は》八七《花》年　直流電気で　火力から
　一《人》八《は》九二《苦にして》年　水力発電

一八八七年（明治二十年十一月）日本橋の直流火力発電所で百三十二灯の電灯を灯した。水力は明治二十五年、京都の蹴上《けあげ》発電所。

【日本の電柱の数は何本か】

454

殿中《でんちゅう》に　一、《行って》五六〇《御覧》じ　政所《まんどころ》
家族七人　一本担《かつ》ぐ

【日本中の電線の総延長は】

455

電線は　月まで四回　往復し
三百万km　光速十秒

㊳383

「義務教育は成人までが原則である」

子育ては六才までが家族の和
二十才まで　教師と家庭

389

「成人前の教育」

学校は一人前になるためき
徳と常識　叩き込まなきや

401

「義務教育と子供の躾」

善く学び良く遊ぶのが学校で
体と躾は親の責任

421

「才能は活かしてこそ価値あり」

才能は誰しもあるが活かすには
意志の強さと行動で

第十章　道徳の学び

第八条　道徳心に徹する条件

徳器を成就する

「猛子孔子、アラー、キリストの世造りは、人の心に、徳開く術」

「徳」とは、人を心服させる性格や能力また、行為をいうものである。七十億もの人間社会に生きる人間は、社会生活上、まず自らが「人類の繁殖、繁栄を図る」大憲章（人間の条件）を充たさねばならない。

㊺⑹ 世の中の　善い心をぞ　身につけて　人に施す　ことぞ徳なり

道徳は中国儒教の神髄である。本邦においても室町・鎌倉時代に日本儒教として、確立された。親孝行に始まり、兄弟姉妹の家族の絆、友情、博愛《はくあい》の精神を尊ぶことを説いた。このような徳は、愛国心に繋《つな》がり、お互いがお互いを助け合い信じ合い、人間相互がすべて幸せに、人類の「子孫繁殖、繁栄」の世に発展させる人間の基盤となるものである。
世界中の人間が、お互いに、心豊かに楽しく生活出来る世界を望むことは、人間の営為の中で最も重要なものである。
「心」は、「独心」にして己だけのものであり「自分がこの世に生きる」ための最も重要な指針である。「道徳」は、社会の人々との交際や接触に際して、自分の生き様や、心の有り様を打ち出す「精神的」な操行なのである。道徳を高めることによって明るい社会の発展に貢献し、またそれを己の心の糧や、人生の指針ともたのむべき原動力の起源としたいものである。

【世界で活躍する道徳の啓発者たち】

㊸457 人生の　心を活かす　絵の世界
杉谷画伯　世界を翔《かけ》る

【世界人類、一丸の物語】 人類の繁栄を願うオノ・ヨーコ、ジョン・レノン『イマジン』の世界観。

458 人類が　一丸となり　助け合う
世界を目指す　ヨーコの決意

【一芸に秀でて、世界の心を救う】

杉谷画伯は、日中友誼の画院を基盤として、世界人類の文化交流の掛け橋を目指しています。

本作品は、祝賀会（2008年9月9日）以前の先生の作品です。

［中国四川省の幽玄の世界］

峨眉山一線天　'94年

峨眉山月歌　'95年

峨眉山萬年寺　'94年

成都路上晩餐　'94年

㊺⑨
日に一善　想いを込めて　為す事が
人を助けて　世界が動く
【宗教は人の心の杖《つえ》として徳の指針を広めるものである】

㊻⓪
猛子《もうし》、孔子《こうし》　アラー、キリストの　世造りは
人の心に　徳開く術
【人間の真の価値は、道徳の実践にある】

㊻①
道徳は　人の心に　根付くもの
権力・名誉は　切り花の倦《ものう》さ
【普段、倹約して貯めた銭を、いざという時には惜しげもなく提出する】

㊻②
活《い》きた銭《かね》　使って吝嗇《けち》の名　吹き飛んで
仏の主と　崇《あが》められたり

普段、交際や付き合いの悪い人が、皆の出せないほどの寄附金のすべてを代表して支払った。

いつもは、吝嗇《けち》と言われても倹約していた金を、最も必要な時に、どんと出資することができるのは活きた金の使い方である。普段の無駄金を貯蓄して、必要な時に人のために使う。その使い方が、仏の主と崇められるゆえんである。

㊻㊸
【逆境に際しては、まず自分の身辺の分析をおこなう】
逆境時《ぎゃっきょうじ》　周囲身辺　見直して
我が弱点を　磨きて治癒す

㊻㊹
【家庭の和のためには少しの過ちはすぐに叱らずに軟らかく悟すべきなり】
家庭の和　過ちあらば　軟らかく
軽棄暴怒《けいきぼうど》は　避けて悟せよ

㊻㊺
【心に徳あらば、悪運を良運に換《か》える】
悪運を　心の徳で　補わん
肉体労苦は　意志で勝ち抜く

【貧しい中でも事を成就すというやる気が、その人の器量を大にする】

466 環境の　貧しき中に　生《せい》がある
成《な》すか爲《な》さぬの　結果は器量《きりょう》

貧しく逆境の時こそ、いっそう心を引き締め貧家、貧女の心意気を学び、心身を立て直すことが肝要である。すなわち、貧しい女でも地面を掃除し浄《きよ》く髪をくしけずり容姿を整斉すれば、その気風や人柄は、おくゆかしく上品なものとなる。貧しい環境を嘆かずに天が与えた器量《きりょう》の鍛錬の場として受け入れるべきである。

【衆人に順応する心も必要である】

467 研《と》ぎすまし　清廉潔白　人つかず
多少濁《にご》して　大器出現

人は、清廉《せいれん》された眼力を持ち過ぎていると衆人は寄りつかず仲間がいなくなる。衆人に順応するためには多少馬鹿になることも必要である。

⑱468

【話は聞き上手となり相手の、心を引き出すことである】

話《わ》の心　相手に言わせ　聞き上手

勝手な発言　無言は失礼

いろいろな情況に通じる心得である。一つ、話しかけられないのに物言えば落ちつきなし。一つ、語りかけているのに無言でいるのは、不審を抱かせ失礼となる。一つ、相手の顔色も見ずに勝手な発言するのは、人の感情を察する目がない。

469

【人生は九分を行って半ばとす】

人生は　九分通り来て　半《なか》ばなり

残る一歩の　先は未来だ

470

【一分外れても完成では無い】

十問中　一問外れて　未完成

非難は易く　成すは難かし

【競技では、金・銀・銅・入賞等があるが、どうせ目指すなら一等目指そう】

⑷71
競技でも　一位の外は　カスのカス
　　くやしかったら　一位をとろう

オリンピックでもゴルフでも登山においても、最高峰は一つなり。人生は、希望をもって、一位を目指す気概が大事。

【幸せは己で決めるもの、先ず食って寝て、着物があれば十分だ】

⑷72
極楽は　地位や名誉も　捨て去りて
　　衣食住足りゃ　楽しからずや

人々は、名誉や官位を得ることをとかく希望する。しかし位や名誉がなくとも、月の差し込むあばら家にあっても、腹一杯食べられて、恥かしくない程度の着物を着て、寝泊り出来れば、十分楽しく幸せである。

【人生とはそれなりで、生きられるものである】しかしこれでは「人間の条件」（子孫の繁殖、繁栄）を満たせない。

⑬473

人生を　何の糸瓜《へちま》と　思うかな
土につくまで　のんきぶらぶら

（読人知らず）

⑭474

【名人は、自ら名人ぶらないものだ】

名人は　売名行為は　なさぬもの
真の匠は　技量を見せず

寛永三馬術者の一人、名人馬垣平九郎は、丸木橋の川端に立った。通行人は固唾《かたず》を飲んで見守っていた。ところが馬の手綱を引いて、裾をまくりて川を渡ったという。

⑮475

【道徳を身につけた人は最高の人格者である】

道徳は　人の心に　根付くもの
権力名誉は　切り花に倦《ものう》し

世俗を超えた道理に通ずるためには、道徳や人の倫理に通じることである。さすれば世俗の人が求める利益や名誉の前に、真に尊い自由の心を得ることが出来る。

【富貴を求めるのではなく仁義もつ人となれ】（上杉謙信は義に徹したという）

⑷⑺⑹ 富貴より　人間愛の　仁《じん》が勝つ
爵位得るより　筋道《すじみち》の義有（仁＝思いやり。義＝正しい人の道）

富や地位に甘んじるのではなく人間愛に徹することが肝要である。爵位《しゃくい》よりも、人間が第一である。人間の条件に基づく「仁」による行動が大事である。地位ある人や富貴な人に、臆してはならない。

【物事への深入りは注意すべし】

⑷⑺⑺ 人情は　深くも浅くも　並がよし
嗜好も濃淡　ほどほどがよし

諸事深入りし過ぎぬこと、また昼行燈《ひるあんどん》でもいけない。適度な情味を示せばよい。八代亜紀の唄に、「酒はぬるめ」、「いかはあぶり」程度とあり。

【孔子の訓《おしえ》は、表面的な言葉の理解を絶って真の理《ことわり》を解さなければならないとする】

⑱ 孔子の徳　意《い》、必《ひつ》、固《こ》、我《われ》、の　四《よん》を絶《た》つ　徳の道理を　説きて廣《ひろ》めぬ

孔子は、四絶《しぜつ》として徳の道を説いた。「意」とは臆測意見《あてずいりょう》、「必」は予期想定《よきそうてい》、「固」は、考えを頑固に通すこと。「我」は自我をいう。これらを絶つことにより、人々を心服させるほどの徳が身に備わるとして各種の行為の徳を開いたのである。

【人間の功績は、他人を傷つけずお互いに楽しく生きることにある】

⑲ 功名は　自ら求む　ことなかれ　過《あやまち》せずば　これぞ功績

世の中を生きていくには、己から功名を立てようとしてはならない。むしろ誤って善くないことをしなければ、それが手柄と思えばよい。人との交際において、自分の人格、徳行を笠に着て話すことはない。むしろ人から怨まれることがなければ、それが我が身の徳のなしうる善行とすべきである。

【欲望に目を眩《くらま》されるな、まずその結果を考えよ。さすれば我慢と辛抱が先立つ】

480 欲望《よくぼう》を　満たした後の　味気なさ
嫌気の心境　悔やまれる我慢

たとえば食い気もそうだが、情事の後で思う色情はすっかり冷えて前とは違っている。何事も事前に悟った心境をもってことに当れば本心が安定して、行動正しく目標定まり、充実した態度で臨めるものである。

【人の汚名をかぶってまでも応援して、己を謙遜できるのが人格者である】

481 謙譲の　美徳が造る　人格者
人の汚名も　我れに分ちて

名誉善行を一人占めしてはならない。また不名誉な辱行汚名までも分かち合うようにするつつましさが、対人関係を深める美徳である。

【貯蓄は常にすべきものである】

㊾482　暇な時　心引き締め　貯えりゃ
　　忙中余裕の　長閑《のどか》な心

徳のある人は、暇な時にも全力で働いて備えをし、また忙しい状況にあっても、ゆったりとする、長閑《のどか》な心ばえがなくてはならない。

【忠告が良薬となって人材を造る。ただし忠告を受けた人の人格にもよる】（忠告者が反感を買う場合もある。）

483　忠告は　砥石となりて　人磨く
　　良薬にがく　我は助かる

硬骨《こうこつ》過ぎる忠告は面白くはないが、身をもって忠告してくれる人は有難いものである。

【こせこせした小利口より、泰然自若《たいぜんじじゃく》のどっしり型がよい】

㊹484

小利口《こりこう》で　心貧しき　人よりは
どっしりとした　大器を好む

世故に長けた器用な人よりは、気が利《き》かなくても粗《あら》けずりで志の大きな人がよい。

【人生航路、喜怒哀楽を五分として、残りの五分は、おまけと捕える】そのおまけを世の中の繁栄に尽くそう。

485

生くるには　美食快楽　五分として
残りし五分は　儲けものなり

人生に五分の喜、怒、哀、楽は毒にはならず、残りの五分は丸儲け、ゆとりを持って楽しく往《ゆ》こう。

【人生は一回こっきり。これっきりの楽しき夢の生涯を築け】

㊽㊻ 人の身は　二度と得られぬ　生命《いのち》なり　世に楽しむは　万古永遠

人生は永く生きてもただの百年。その一日一日はもっと過ぎ易い。今やこの宇宙にある我が生命は、可能な限り楽しみを知るべきである。

【新しい友を求めるばかりでなく、旧友との交わりを欠くべからず】

㊽㊼ 新知より　旧友あつく　交わりて　世論の人望　施恩が勝る

新奇《しんき》な人間関係を企《くわだ》てるより、日常の朋友との規律ある交《まじわ》りが良い。新が来ると旧を忘れる傾向が強いものだ。

【時宜を得た忠告はすべきであるが、心してしないと命とりになる】

488 骨肉の　異変の対処は　平静に
友の異変に　適宜な忠告

親兄弟等、骨肉にある者の関係の異変に対処の場合は、ゆったりと平素と変わらぬ態度で忠告すべし。激烈で感情的な態度では逆効果である。

【常時に忍耐の精神を養っておけば、逆境にあっても希望の光となる】

489 安泰時　強く備えりゃ　艱難時
逆境に耐え　希望の兆《きざ》し

安泰な境遇の時こそ凋落の兆《きざ》しあり。いつかは来る艱難《かんなん》に備えてその対応のための忍耐を重ねておけば、希望の兆しとなる。

【悪なる欲望と知りつつ犯すは大罪であり、厳罰を免れない】

490 欲望と　怒りに狂う　その悪を　知りつゝ犯すは　悪の大罪

燃えさかる怒りに、欲が煮えたぎる者は、原因を知り得ていながら、また明日にでもなればそれを犯《おか》してしまうものである。しかる折りに考えを反転させることの出来得る人間として修錬を重ねなければ、その者は、懲罰を受け、人生の落伍者となる。

【気心の知れない人に、安易に心を許すな】

491 沈黙《ちんもく》の　人には警戒　心せよ　暫時用心　心許すな

深く沈黙して物を言わないような人には、本心を見せてはならない。また心せまく己ばかりを潔くしようとしている人からは、あれこれ言われないように注意をするのが肝要である。

【人間にとって試練とは、鉱石から良質な鉄を造る炉《ろ》のようなものである】

㊾②

試練とは　天の与えし　人間炉《ろ》
心身共に　窯《かま》で煮られる

非道な仕打ちにあったり、生活が困窮直面することは、すぐれた人材を鍛《きた》えるために天が与えた一揃いの炉《ろ》のようなものである。

【人間は、地球という家庭の母なる大地に誕生した】

㊾③

人間は　自然の中の　一分子《いちぶんし》
地球は家庭　天地は父母なり

人間は大自然の一分子である。生物は地球の元素と太陽光熱により誕生した。天は万物を覆い地は万物を頂いて陰陽雄雌《いんようゆうし》の調和にて発生し、また発展している。

【生物には繁殖、繁栄の憲章が課せられている。決して傷つけあってはならぬ】

㊾④ 人々を　害しちゃならず　我れ防御
天が与えし　繁殖繁栄《はんしょくはんえい》

人は、人を害する心を持ってはならない。また人からの加害を防ごうとする心がなくてはならない。天は人間に繁殖、繁栄の使命を憲章とした。人間同士はいかなる事件があっても危害を与《あた》えてはならない。ましてや、戦争などは、絶対に起こしてはならない。

【善人を即褒めても、悪人を即あばいてもならない】

㊾⑤ 善人も　むやみに褒《ほ》めるな　後にしろ
悪人あばくは　良く考えて

その人が善良な人だったとしても、一見で褒《ほ》めるものではない。悪人だと知っても、みだりにあばくと大変な結果を引き起こすこともある。冷静な判断が大切である。しかし目前で起こりつつある事件は見逃がしてはならない。即対処しよう。

【身内ゆえに喜怒哀楽が正直に表現できるということがある。恩着せがましさや他人行儀は止めよう】

㊾⑥

窮極に　身内同志は　愛情で
恩に着せるは　他人の仕草

親は子をいつくしみ、子は親に孝行であり、兄弟姉妹はお互いに助けあい、喜びを感ずる。これが自然の態《かたち》で行われるのが身内の絆である。

【立身出世に嫉妬はつきもの。出世もほどほどでよい】

㊾⑦

功成りて　名声上げすぎ　疾妬さる
立身出世も　ほどほどでよい

物事は十分に極めつくすととかく衰退《すいたい》の兆しが現れる。出世しすぎると、ねたみや権力や地位の争いが生じ身を危険にするものである。注意しよう。学生時代はお互いに勉学競争の時代である。ライバルあるがために互いに研鑽進歩するが、ややもするとイジメに変身する予期せぬ悪しき月光仮面が現れる。未だ徳の心の不熟な子供故にやってくる。親や教師の指導の資質が問われる。

【逃げ道を残しておくことは敵も味方もともに助ける】

⑷⑼⑻ 名将は　逃げ道開けて　城政めす
窮鼠《きゅうそ》が猫を　咬《か》むおそれあり

間違った人達を排除する場合も、何の資格もない人間の入る道を鎖《とざ》す場合も、その者にひとすじの逃げ道を開けておくことが大切である。

【功徳《くどく》の積み重ねが逆境を救う】

⑷⑼⑼ 逆境に　迷う心を　救くるは
金より高き　功徳なるなり

逆境にみまわれて、人心おろかしく迷いし時、一言の助言が救いとなれば、自他共に喜びを掴《つか》む。

【あの美声の鶯であってもかまきりを狙《ねら》う時の姿は恐ろしい】

500
虫を食う　かまきり狙う　鶯《うぐいす》の
声のからくり　ひとの世に見ゆ

この世はからくりの中にあり、この世にはからくりが広げられている。人心をゆするあの声の鶯がかまきりを狙《ねら》う姿は恐ろしい。人間もよく心せよ。「人間の条件」を知らぬ人は、吸血鬼の如く人を利用し、また人を食にして生きている人も多い。

【屈託のない山里の人の会話に心開かれる】

501
交際は　虚飾の人より　山村の
翁の話　心開《こころひら》ける

世俗の汚れた話を聴くよりは、山里の山歌や牧場の歌を聴くにこしたことはない。

【つましく生活している人には成金の羽振りなどは看板にしか見えない】

⑤⓪②

誰だって　飯を食して　生きている
成り金羽振りは　我れには看板《かんばん》

にわかに金持ちになった貧乏人よ、羽振りを見せても何になる。生きる糧は一膳のめし。

【円満な人格は何よりの宝である】

⑤⓪③

悪事せず　良い評判も　立てずして
円満なる気は　身の宝なり

平凡なる道を無事に進めることは、人生を歩む上で宝《たから》となる。

【心根のよき人は何者にも勝る】

「人間の条件」を心に刻んでこそ人間性が評価される。

⑤⓪④

無知であれ　蒙昧でもあれ　生きる身は
心よければ　誰れにも勝る

世間では、仕事の大きさや学問の知識の多寡《たか》等によって人間の価値を決めようとする輩《やから》が多い。

それは社会的地位や物質生活を保護する方便であり、立身出世の要件ではある。しかし人間とはそれを除いた真の人格があるかないかによって、その人が人間であるかどうかが決まるのである。

505 世渡りに　潔癖過ぎるは　咎《とが》のもと　善悪すべて　包容が徳

【徳は善悪を制御すれども。潔癖過ぎてもいけない】

潔癖過ぎるのはよくない。時として不名誉や辱しめ罪や穢《けが》れも受け入れることが出来なければならない。清濁併せ呑むことが出来る人となるべきである。

506 人の常　喉元過ぎても　熱さもち　恩は忘れず　怨み残すな

【恩を忘れて、怨みを報ずるようなものにはなるな】

【貴婦人なるが故に、心せまりても言葉寄せられず】

507 貴婦人に　心は持てど　より難し
高貴狭量《こうききょうりょう》に　言葉も出せず

川の早瀬《はやせ》に魚は住まず。水が深い渕になって流れが止まれば、魚達がそこに群がり集まってくる。貴婦人もかくあってほしい。

【満足な場所にもやがては苦の種が生えてくるものである】

508 満足が　楽園なれば　その心
楽は苦の種　苦は楽の種

人間は自分の心を満足させることをもって楽しみとしているが、かえってこの楽しむ心のために苦しい立場に立っているものである。

⑸⑼

【心の広い人には、福の神も住み易い】

福の神　広い心に　包まれりゃ

長閑《のどか》な世界に　永久《とは》に停《とど》まる

⑸⑽

【社長の〝社員には働いて頂くのだ〟という姿勢に部下は励まされる】

〝働いて　頂く〟心に　愛が湧き

心身献《ささ》げて　主《あるじ》に報ずる

⑸⑾

【気忙《ぜわ》しい者は、時間を自分から短くしている】

世の中は　広く大きく　出来ている

小さく刻むは　己のかって

⑸⑿

【何事も己を助けるのは、己の心と精神である】

精神は　熱さ貧しさ　吹き飛ばす

安楽な世は　心が造る

心頭滅却《めっきゃく》すれば火も猶《なお》涼しとか

かつて作業中に防火扉に指を鋏《はさ》まれ、切断されたことがある。吹き出す血を押え、あちらこちらと病院を探し求めた。漸《ようや》く病院に着いて手術の消毒に入った時、始めて感じる極到《きょくち》の痛みが体内に走るのを感じた。それまでは痛みを全く感じなかった。この時の神経は、空家の便所で何にもしっちゃあいなかったのだ。

(513)

田園に　住めは雲雀《ひばり》の　声が舞い

大地に立てる　我に気がつく

【田園に立てば長閑《のどか》さが心を打つ】

人里に住む人にとって、田園の住み心地《ごこち》は雲中《うんちゅう》の仙界《せんかい》に居るが如くなり。

(514)

春はよし　清らなる秋　更によし

人の心も　骨身に通ず

【秋のよさは、人の心までを清《きよ》らかにする】

春風駘蕩《しゅんぷうたいとう》、桜花爛漫《おうからんまん》、老若男女《ろうにゃくなんにょ》集《つど》いて心浮《う》かれる春もよいが、秋はまた、天高く、風涼しく、秋菊、木犀《もくせい》芳しく、湖面に空は青く澄み、小夜《さよ》は水面《みなも》に映《うつ》る月、人の心の骨身に染《し》みて澄《す》まされる。嗚呼《ああ》、秋は善き哉。

【素行悪しき人は正しきに怯《おび》える、心一新すれば、そのよこしま、また正と化す】

㉛⑮ 不善素行《ふぜんそこう》　正を邪《じゃ》と見て　世に怖じる　心の持ちよで　楽園と化す

心が動揺している人は、枯《か》れ芒《すすき》を見て幽霊と思い、すべてに殺気を感じ怯えおののく。全く、蒟蒻《こんにゃく》の木登りの形相である。蒟蒻を木登させると「震え上がる」。

心平穏な人は、白虎《びゃっこ》に対しても鴎《かもめ》を見るように対峙《たいじ》し、蛙の騒がしい声も美しい音色として聴くことが出来る。真の心の微妙な働きは我が心の織りなす感覚の束である。

【己を知らぬ者、人間たる勿れ】

⑸⑹ 我知らず　他が我よりも　価値あるを
知らずの自我は　我を滅ぼす

世間の人はとかくただ「我《われ》」を過心するあまり、真実の我を忘れている。「我」というものがあるのを知っておかないと、「我の対称」にある「我ならざるものの一切のものが、価値あるもの」とする分別《ふんべつ》がなくなってしまう。

我あるを知らざる者は、己を忘る。己を忘るる者は、是れ天に入ると言う。これを「無我」「忘我」という。仏教では「無我」とは「人間及び万物には永遠不変の実体はない」「一切《いっさい》のものはそれぞれ一定の因縁のもとに成立しているもので、その因縁が滅すると、一切の現象はそれぞれ滅《めっ》する」これが仏教の「我」であり「身は是れ我ならず」となる。

ここに「人間の条件」としての、己を知って頂きたい。

⑸⑺ 自然の美　万物ありて　我れがあり
我れ有るが故　万物《ばんぶつ》活きる

【万物ありてこそ我は活きる、されど万物の消長を見届けるのは我である】

【肩の張る官吏も、農民、魚民の悠々自適の姿を羨むことがある】

518 肩を張る　人生道にも　長閑《のどか》なる
自適の姿　羨《うら》やましかな

肩の張る礼服を着た高官も、のんびりと暮らす農民、魚夫や木樵《きこり》の気苦労のない姿を見る時、我が身比べて、深いためいきをつくこともある。

【心清むる時にこそ真の生き様が現れる】

519 静座《せいざ》して　心清めば　万法観《ばんぽうみ》ゆ
忘念去りて　眞誠露《まことあら》わる

【成功しても禍に見舞われることがある。失敗しても努力して身が立つことがある】

520 成功し　得意な時に　来る禍《わざわい》
失意には努力　身をぞ立てぬる

㉑【贅沢をせず心の信念を守りぬけば立派な人となり得る】

贅沢は　気概失い　倹節は
人を磨きて　玉と爲すらん

㉒【精神謙譲にして心安《こころあん》ずる】

安楽に　処世《しょせい》をなせる　その秘決
一歩譲りて　三分与える

人間の処世の要訣《ようけつ》として、狭い小路では一歩を先にゆずり、旨き食物は自分の分を三分減らして他人に分ける。護譲の心、自動車の運転にも欠かせぬ心構え。

㉓【徳のある聖人になる人は、世俗を捨て邪心を清める】

聖人を　求むる人は　世俗捨て
道極むるに　邪心清めん

㉔524
世に盡《つ》くせ　三分の義侠と　素心《そしんじ》持し
清浄心《せいじょうしん》も　常に携《たずさ》え
【一歩譲って人が利すれば、我も利す】（神祠での祈願「人もよく我もよかれと祈りつつ我は人より、一寸よかれし」と同じ。）

525
世に処すは　一歩譲りて　人を立て
人が利すれば　自己も利すなり
【七分を観せるゆとりの生活】（ときに処世は、実力の七分くらいにするのがよい。）

526
何事も　ゆとりを持ちて　立ち向え
実力七分に　観せるが聖人
【親族が互いに思いやって大きな力でいざ世に立ち向かう】（毛利元就「三本の矢の訓え」）

527
親族の　誠心《まごころ》和気の　心根は
一人の力を　万力と化す

528

【忠告は、実行出来る程度の内容を考慮して行うべきである】

忠告は　受けられてこそ　価値があり
厳しすぎては　受ける者なし

529

【清浄なものは汚挨《おあい》に生じ、光は暗闇に生ず】

美しき　蝉《せみ》は土中より　産まれしもの
腐った草には　螢が灯《とも》す

530

【空《から》元気をつけられて人をあなどるな邪念、妄想は己の敵である】

褒《ほ》められて　思い上って　から元気
目覚めりゃ吾れの　居《きょ》する場所なし

531

【何事も中庸を得ることが大切である】

杞《き》憂《ゆう》して　心情《こゝろ》悦《よろこ》ばず　無《む》欲《よく》亦《また》
済《すく》いの利なく　極端は害なり

㉜

行き詰まりゃ　初心にもどり　反省し

功成る人は　末路みつめる

【行き詰まり苦境に立ったら初心に返れ】

㉝

富める人　心は貧賤　不幸なり

万智の衒耀《げんよう》　軽蔑と化す（衒耀＝かがやかして見せびらかす）

【智者富者であっても、その心貧しく、みせびらかしは軽蔑されるのみである】

【視点を換《か》えて、岡目から自分を観る】（岡目＝当事者としてではなく、傍から客観視すること）

国家存亡の時代、ある総理大臣は上げ足をとられ、窮地に追いこまれた。

㉞

高き地位　ついて危険が　身にしみる

娑婆は明るき　活動世界

【利口ぶる人の目的は利欲であるからその心根はみじめである】

㊿535
利口ぶる　才智鋭敏　お気の毒
利欲かくため　我見《がけん》はみじめ

536
世渡りは　山道よりも　険《けわ》しくて
一歩退《いっぽの》きては　三分謙譲《さんぶけんじょう》
【謙譲の美徳】誰もが苦娑婆を生き抜いている。互譲の精神が大事である。

537
世に処すは　素朴に生きて　心留《こころた》め
死後に潔白　名をぞ留めん
【質素に生きる】

538
欲望に　手を出し溺れ　浮上せず
道理事には　躊躇ゆるさず
【欲望がらみの事には手を出すな。道理にかなった事は即実行】

【道徳は、栄耀《えいよう》よりも富貴よりも強し】

539

富よりも　道義は強く　自由なり

強固な意志は　天に打ち勝つ

【身を立てるには一段高所で、世渡りするには謙譲の美徳が必要】

540

立身の　場所は一段　高所にて

一歩退ぞく　世渡の徳

立身出世を望むならば、一段高いところを選んで進み、一歩下がった謙譲の美徳の処世術を心得るべし。また「俺が、俺が」の独善でなく、虚心坦懐の心で望む。

【学問の目的は道徳を修めることである、若いうちは特に集中的に行うべし】

541

学問は　道徳修める　事《こと》なりて

気を散らさずに　専心一筋《せんしんひとすじ》

学問の目的は、教養を深め道徳を養うことにある。学問をしながら、心を世俗的な功名にやつすようなことをしてはならい。

【貧富にかかわらず、また何処《いづこ》に住もうが、楽しむ場所はどこにでもある】

542 誰にでも　大慈大悲の　心あり
貧富の別なく　楽しみを持とう

【いかなる人格者でも、富貴の欲に負けると破滅を招く】

543 世を救い　国を治める　人格者
富貴《ふうき》の欲が　身を破滅する

【善人・悪人はよくその言動を見れば判明する】

544 言動を　見れば善悪　人知れる
善魂《ぜんこん》静か　悪は欲張《よくば》り

⑤④⑤

【聖人は常に罪と戦っているものである】

聖人は　いづこにありても　罪を責め

独りでいても　罪と戦う

⑤④⑥

【心の平穏こそ最高の幸せである】

平穏は　最高の福　不幸とは

波立つ苦娑婆に　禍難続出

⑤④⑦

【道理は人により、合う合わぬがある、つり合いをとってうまくつきあうべしが人】

境遇は　人夫々《それぞれ》に　違うもの

道理の違いも　合せて進む

⑤④⑧

【読書とは、見識を広げ邪《じゃ》念を払うためにするものである】

読書には　心を清く　座して説く

古人に学び　邪念を払う

549
【逆境の中にも悦《よろこび》はあり、富に甘んじていると、すぐに失望の悲哀が訪れる】
逆境の　苦中にありても　悦があり
富て得意も　悲哀《ひあい》訪《ほう》ずる

550
【「清廉《せいれん》潔白」というような良い評価にしがみついている内は、未だ貧欲の段階なり】
成功者　妙技は七分を　見せるのみ
清廉の評価は　未だ貧欲《ひんよく》なり

551
【自信満々といった態度で事に臨んではいけない。不断の努力にこそ成功がある】
慢《まん》を持《じ》し　事に当るは　危険なり
無我衆心にて　事は成就《じょうじゅ》す

552
【誰でもそれなりに尊い幸に恵まれているものである】
名声や　地位なき人の　楽しみは
そこそれなりの　幸《さち》を尊ぶ

553

善行も　売名行爲の　ある時は
　さもしき悪の　芽生えなるなり

【ただ名を売ろうとして事を為すは、さもしい悪の始まりである】

554

運命の　逆境、順境　全て受け
　治にいて乱の　心備えん

【身にふりかかるものは、何でも引き受ける覚悟で、我を強固なものとする】

555

害を爲す　人の心根　性《さが》強く
　人を踏みつけ　のし上るなり

【己に生気《しょうき》なく、他人の生気を蹂躙《じゅうりん》することでしか生きられないような輩には注意せよ手当たり次第焼きつくす人もいるなり。】

【欲に目が眩《くら》んで我を忘れてはならない】

556 欲望を　興《おこ》せば人柄　滅亡し
押えりゃ尊敬　受ける世の中

557 【誘惑《ゆうわく》は、心の外からも内からもやってくる】
外部から　五感《ごかん》の欲が　侵入し
内部の賊が　誘惑計る

五感《ごかん》による欲望は外部から侵入する賊であり、欲情や我儘《わがまま》は内に住まう賊である。常に内外の賊が人を誘惑へと図っている。これを守るのが徳の心である。心は、頭脳の中の間脳によって制御されている。間脳を人間的強固なものにするのは、徳にもとづいた操行である。徳の試練たる逆境こそが人生を正導する基礎である。

558 【失敗は成功の基。失敗を次に活かせるかが問題である】
既にある　失敗に悔《く》ゆる　ことよりも
次機《じき》失敗の　予防に全力

559

主義主張　厳正公明　求むれど
過烈過ぎれば　世にはとおらず

【正しいことでも「適度」を守ることが肝要である】

560

物事は　気にかけないで　竹にかけ
木は折れたれど　竹はさらりと

【何事も軟らかく受けとめて、大きな心で対処する】

561

世渡りは　甘辛《あまから》の度を　越さないで
中庸《ちゅうよう》の美徳　得るが神髄《しんずい》

【世渡りは、中庸《ちゅうよう》をもって美徳として進むべきである】

562

逆境に　立てば身辺　綺麗にし
自暴自棄より　腹を構えよ

【逆境にあっては腹を据えて、前後を見極めて対処すべきである】

563
【平時においても、緊急時の用心はしておくべきだ】
つね日頃　物事用心　ある人は
緊急活動　即役に立つ

564
【機転をきかして難事を好事に転ず】
非を正し　禍《わざわい》、転じて　福となす
死を生《せい》にする　機会《チャンス》掴《つか》みぬ

565
【自分を犠牲にして人に尽くすのはよいことであるが、その見返りを望んではならない】
世に盡《つ》くす　場所を求めて　活《い》きる人
利己的場面に　落し穴あり

566
【徳を積む人には福が来たる】　富を得るよりも豊かな心が最大の幸福なり。
徳を積み　心開きて　道を行く
苦境は去りて　福が待つなり

567

【禍福《かふく》を与えられた人生なら、先づ禍に立ち向かう】

禍と福の　二物与えし　天ならば

福は求めず　先ず禍に向え

568

【人には年老いてこそ現れる価値がある】

人の価値　後半生に　観《み》えてくる

年老いてこそ　節操、尊とし

569

【子孫繁殖、繁栄の心】人は全て、先祖代々から子孫永続と繁栄のために努力してきた。

吾れあるは　祖先の恵　子孫には

永続の福　今積みし置く

570

【指導者たる者のの偽善や破廉恥《はれんち》は許し難し】

役人の　偽善、変節　悪徳恥

指導の立場の　罪深き哉

571

【逆境、順境両方があってこそ幸せを掴むことが出来る】裕福な生活だけでは、幸は掴めない。逆境をくぐり抜けた時に幸《さち》は訪れる。

成長は　逆境ありて　なお進む
　　順境のみで　幸は応ぜず

572

【恩仇《おんきゅう》争うときはこれを超越して無くするがよい】

一方に　恩施こせば　他は仇敵《かたき》
　　恩仇ともに　忘却《ぼうきゃく》に如《し》かず

573

【公正な議論を後世に生かす】

悪道に　近づくをさけ　公正の
　　議論学びて　後世造る

574
小事《しょうじ》でも　落ち目になっても　怠たらず
己磨くは　英雄の源《もと》
【落ち目になってもひたすらに己を磨くこそは英雄たりうる】

575
欲に勝つ　力は二つ　意志・知識
処世活かすは　体内にあり
【欲をさける術はあるがだが、欲に勝ち抜くという術もある】

576
思慮深く　分別極め　徳を積み
人欺《あざむ》かず　人助くべし
【徳を積みては世人を救うべし】

577
出る釘は　打たれる喩《たと》え　慎重に
非難称賛　抑えて進もう
【急な出世は非難を浴びる。気持ちを抑えて慎重に前進すべし】

578
【国政に参与する者には節義をもった正しき政《まつりごと》を願いたい】
節義とは　潜み隠れて　積む修業
天下の政治も　そこに生みたし

579
【血縁者や富者の利害関係に絡んだ争いはしばしば壮絶を究める。厳に慎むべし】
争《あらそ》いは　骨肉富者《こつにくふしゃ》に　物凄《ものすご》く
冷靜虚心　制す忍耐

580
【何事においても人格は、その才に先立つ】
本末を　転倒すれば　世の乱れ
人格は主で　才能は従

581
【信賞必罰を差配するに当たって】
長《おさ》として　失敗の責　皆で分け
功績の賞　価値に応ずる

⑤⑧②

【人情への常なる対処】

人の常　甘き処に　寄りて来る

信念硬く　事を処すべし

⑤⑧③

【反省は過の最大の良薬】

反省は　良薬となり　過《あやまち》を

咎《とが》める人は　悪源ともなる

⑤⑧④

【信用の基は誠実な心である】

世渡りの　信用の基《もと》　誠実心

気転効かして　誠を活かす

⑤⑧⑤

【人生の楽しみを自然と見出す】

雑念を　取り去りぬれば　楽しみが

真の自然に　現はれて来る

586

【いくら慎重に事を運んでも禍いを招くことはある】

慎重の　一言一事　一念が
　禍い招く　ことのあるらん

587

【道徳は何ものにも勝《まさ》る】

節操も　道義学問　優れても
　道徳なきは　空となるべし

588

【後裔に道を残した隠退《いんたい》の好機をつくる】

全盛が　惜しまれる期の　隠退は
　後世に譲る　道も大なり

589

【古典を通して現代人の心を読み解く】

古《いにしえ》の　聖人君子の　書を読みて
　現代人の　心学ばん

590

【人間にとって道徳は言わば必須課目である】

道徳は　誰れもが処すべき　処世事《しょせいごと》
怠ることなく　行動実践《こうどうじっせん》

591

【善悪は、積み重ねて現れるものなり】

善と悪　判《わか》らぬ様に　刻《とき》経《た》ちて
互いに現はる　それが証拠《しょうこ》

592

【勤勉、道徳により、人間は豊かな心で生活が出来る】

勤勉と　道徳続けて　実践し
利益無欲で　心盤石《ばんじゃく》

593

【他人の過《あやまち》は許すべし、我が過には厳しくせよ】そして失敗は成功へと導かれる。

過て　己は責めて　人許《ゆる》し
吾が苦と恥は　耐え忍ぶべし

594

【議論は、利害得失の観念を捨てて実行すべし】

議論《ぎろん》は　客観的に　見極めて

自ずから実行　中実《なかみ》を分析

595

【人生を、豆腐のように生活する】

人生は　きっぱり四角で　やわらかく

豆腐の心　世の人の道

596

【平穏な人間性は禍を避ける】

ありふれた　生き方が生む　人間性

奇抜な禍より　平穏な福

597

【万事に耐え忍ぶことは処世の上で極めて大切である】

耐え忍ぶ　忍耐の二字　生命の

守り神にて　陰険を避ぐ

598

偉人とは　功績もなく　文盲も
　純心な心　保つ人なり

【純心を貫く人は即偉人なり】

599

忙中に　余裕もつ人　有閑時《ゆうかんじ》
　心安らぐ　体力保存す

【平常より百忙に備えて鍛えおく】

600

境遇が　富貴な時は　貧賤《まずしき》を
　壮年時には　老衰を見る

【人生のあらゆる境遇に備える】常に貧困軟弱を基《もとい》とする。

601

治せぬは　理屈に凝った　悪い癖
　道理の足枷《あしかせ》　拭《ぬぐ》うは難かし

【理屈に凝《こ》り固まった悪い癖ほど治しにくいものである】

602

人情の　恩には報いず　怨《うら》みだけ
必ず返す　冷酷の人

【冷酷《れいこく》な人はとかく怨《うらみ》だけに凝り固まるものである】怨恨を即報ずる心は持つべきではない。よく考慮して判断すべきである。

603

噂とは　陽光隠す　雲の息
事実はやがて　明白となる

【やがて真実は誤った噂を正す】人の口に戸は立てられぬ。真実の訪れ、もしくは七十五日の刻《とき》を待つべし。

604

人生は　晩年奮起　事を爲す
生涯一度の　賭けに挑まん

【晩年にありて生涯をかけた傑作を残さん】

【ここ一番という大事のために力を温存する】

605
勝つ為に　能ある鷹は　爪かくす
優れた才能　大事に発揮

【謙譲は、機を失すれば、企《たくらみ》と化す】謙譲も機を失なっては美徳どころか価値なきものとなる。

606
倹約は　ケチにはあらず　謙譲は
企《たくら》みとなる　前に活かそう

【世の中を、高ぶらず、恐れず、信念もって生き抜こう】

607
世の中は　ぶらず恐れず　我が信念
誠をもって　世に突き進まん

【後に楽しみを得んとして苦労する人と、欲を制して楽しむ人あり】

608
凡人は　楽しむ為に　苦に喘《あ》えぎ
賢者は欲を　制し楽しむ

⑹⑼

【噂には相手方の戦略が含まれている。】

噂聞き　鵜呑《うの》みに信ずる　愚かしさ
　事実見にくい　落し穴あり

⑹⑽

【判断に甘さがなければ、情況を一変することができる】

判断は　適材適確　対処すりゃ
　逆境・順境　転機一換

⑹⑾

【人生を進む道に応じた心の置き所】

進む道　常に人とを　見比べて
　苦しきには下　望みしには上

⑹⑿

【小利口《こりこう》者の助言には耳を貸すな】

小利口は　大事に口出し　こわすのみ
　小事をつゝいて　あぶ蜂とれず

⑬
【不屈の精神の人格者であっても、小さき哀情に涙する】
人格者　困苦、権力　打ち勝つが
哀れな者の　同情に泣く

⑭
【「晩成」には「早熟」にはない趣がある】
早熟が　大器晩成　成さざるは
春花の美でも　松柏《しょうはく》に及ばず

⑮
【楽しみは、身近に潜《ひそ》んでいるもの】
楽しみは　身辺に侍《はべ》り　潜むもの
掘れば掘る程　湧き出ずるなり

⑯
【人間の寿命と運命】定まりし寿命と運命が鎬《しのぎ》を削り、運命に身を委ねなければならない時もある。
人生は　瞬間的に　浮き沈み
鎬の争い　止めて往生

⑰
【自由無碍《むげ》の心境は、中庸の悟りに始まるものであらゆる束縛から開放される】
束縛を　避けて自由の　無碍の道
悠々自適で　風流に住む

⑱
【進み込む時には、あらかじめに退路ついても考えておく】
進む時　退く時を　計画す
不落の城にも　逃げ道のあり

⑲
【貧しくても心の足音をしる者は、足るを知らぬ富者より幸せである】
欲張りは　富貴なりても　乞食の心
足るを知る人　貧者も豊か

⑳
【名声ある人が密かに余裕《よゆう》をもって暮らす姿はおくゆかしいものだ】
奥ゆかし　名声逃れ　潜む者
気苦労離れ　余裕の人生

㉑ 【華美に過ぎるものは、高尚で風雅なものには遠く及ばない】
分相応　はきだめに鶴　華美となり
淡白気品に　遠く及ばず

㉒ 【安住の世過ぎをする者の前を、世俗の利非は、通過して行く】
安静に　安住すれば　惑いなく
世俗の利非は　前を過ぎ行く

㉓ 【欲を去り、人生、安穏《あんのん》の世にあり】
欲去れば　栄進もなく　杞憂《きゆう》もなし
誘惑もなく　破目《はめ》も恐れじ

㉔ 【生きとし生きる物は、やがて衰え、没する】今や人間、寿命百歳は稀れなり。
万物に　真理は宿る　生あるは
老衰の果て　没する運命《さだめ》

625

【貧者は富者よりも天命を楽しむ】

貧乏は　富者ほどの　苦労なし
　平民吏に　天命楽しむ

626

【花鳥も自由を求む、花鳥もまた生物である】

籠の鳥　餌いただけど　籠の鳥
　自然の自由　花鳥も欲す

627

【壮年のうちから老後を思い、時々の功名・富貴にせんじることなく心の修養あるべし】

若き日に　老後を思い　富める時
　功名富貴を　超えて修養

628

【自然の芸術は人の心を慰《なぐさ》める】

神給《たも》う　天然の美の　この絵巻
　豊かな情操　養うは我れ

⑥②⑨
【悠々自適に勝る人生はなし】
富者より　悠々自適の　人が勝つ
この人生は　何の為かと

⑥③⓪
【稀れに苦婆婆を物ともせずに生きていく人がいる】
世に生まれ　苦娑婆も気付かず　活きる人
妙《たえ》なる自然を　全て楽しむ

⑥③①
【平安の美女《びじょ》・英雄《つわもの》どもが夢を馳せた戦場や洛中《みやこ》は、今や狐狸、野兎の夢の巣となれり】
平安の　美女英雄の　夢の地が
狐狸や兎の　走る夢の巣

⑥③②
【権力者同志の争いは見るほどに滑稽《こっけい》である】
権力者　利害得失　争うは
岡目で観《み》れば　愉快な茶番

⑹33

【欲を捨てれば、そこに楽しい人生道が広がっている】

人生の　みじめさ抜けるは　欲を捨つ
　楽しさ知れば　活きる道あり

⑹34

【常に精力を蓄積しておくべし】

精力の　蓄積あらば　身は光り
　修業重ねて　処世《しょせい》に羽《は》ばたく

⑹35

【人生の雑念を取り去って、無念無想の境地に入る】

活きる為　雑念去らば　幸が待ち
　無念無想の　境地に入る

⑹36

【質素の中にも妙なる人生が潜んでいる】

美食なき　質素の中に　妙味あり
　悠々自適は　天地の妙味

⑰637 【誠意と努力さえあればたとえ拙なくとも誠を開花することができる】
何事も　誠意を以って　努力すりゃ
技巧を弄《ろう》さぬ　拙誠《せっせい》開く（拙誠＝へたでも誠実なこと）

638 【事に臨んでは常に潮時を考える】
楽しきは　潮時を見て　引き上げよ
だらだらいつまで　みじめなりけり

639 【努力は、根気よく且つ機を捕らえてするべし】
根気よく　倦《う》まずたゆまず　努力すりゃ
自然に妙技の　大成を期す

640 【草木は、枯れ木と見えてもその心髄《しんずい》に生命の息吹をもって春を待つ】人間もかくあるらん！
冬枯れの　山野の草木　春を待ち
芽吹《めぶ》く生命《いのち》は　一陽来復

ある時、二階のベランダの姫林檎《ひめりんご》が、八月の日照りで葉が全部真っ赤やけてに枯れしまった。九月に入って一週間ほどのゲリラ豪雨で、この焼けたような木の真ん中に、目にも鮮やかな緑の一枝が出現し、眞白な林檎《りんご》の花がほころび咲いた。四～五日経つと三輪二輪五輪づつの花が緑の枝に咲きほこるまでになった。

枯れ果てて捨てようとしたこの鉢に隠れていた生命に驚かされた。林檎が見せてくれた「有法子《ゆうはうず》」の訓《おし》え。

【自然の豊かな風情もまた人生の一こまである】

641 雨上がり　山川一際《さんせんひときわ》　美しく
　　夜更けの寺の　鐘の音清し

【徳を悟った者のみが天下を治める】

642 自己自身　悟りし者が　発展し
　　天下治めて　楽土を開く

643
【雑念を去りて、自我を忘ず】
物と我　相対観念　断ち切れば
無心となりて　境地開かん

644
【自然の美があふれる楽園でなお苦しむのは欲の心が残っている証拠である】
天然の　美に包まれて　苦しむは
なお欲望の　しがらみによる

645
【花も人も満開の手前くらいがよい】
見事なり　花は五分咲き　人七分
ほどよき人の　観賞のつぼ

646
【事件や犯罪の無い世界が最高の幸せである】
世の中の　平穏無事は　幸運で
名剣飾りて　唯守り神

⑥④⑦

【時に人生は控え目な方がいい。控えた分は、しっかり貯蓄】

人生は　八分を使い　後貯蓄
口数減らして　過失も少なし

⑥④⑧

【実力以上の見栄を張ると、手かせ足かせとなり我が身に返る】

毎日を　背伸びしている　人の身は
手かせ足かせ　苦しみ首かせ

⑥④⑨

（菜根譚風に）
【人との接し方に関する訓《おし》え】

誰にでも　心をもって　相接し
下男下女にも　優しかるべし

⑥⑤⓪
【敬老の訓《おし》え】
老人は　雑談中にも　道があり
敬老の国　なお盛《さかん》なり

⑥⑤①
【貝原益軒の訓《おし》え】
医学から　儒学を学びし　益軒は
道徳指導で　人々救《たす》く

（家訓控）
【人助けを恩を着せるようにしてはならない。人助けは自然体の中ですべきである】

⑥⑤②
恩という　言葉を人に　与えるな
受けたる恩を　返す気遣い

【逆境に人の真価が始めて現れる】

⑹⑸⑶

逆境に　立ちて真なる　値打ち出す
　苦に勝ち抜きて　見事に光る

【人間はすべからく明日の生命を、知らない】

⑹⑸⑷

〝明日がない〟　死刑囚から　出た言葉
　明日がないのは　人間全て

【迷いを打破した喜びが、やがて人の生き甲斐となる】

⑹⑸⑸

生き甲斐は　迷い打破して　活きる時
　勝者の喜び　更に進まん

【絶望のどん底で新らたなる喜びに出合う】

⑹⑸⑹

絶望の　底に浸りて　感ずるは
　古きを忘れ　新喜溢れる

⑥⑤⑦
金、名誉　亡失《ぼうしつ》しても　残るもの
勇気があれば　再生がある
【何はなくとも、我に根性あらば、必ず活路あり】

⑥⑤⑧
悲涙でも　いつかは乾く　ときがある
明日に踏み出す　道を求めて
【いかに悲しき涙であっても、止まらない涙というものはない】

⑥⑤⑨
生きる道　現在だけを　耐え忍べ
過去はもうない　明日は未だない
【生きる道は今日あるのみ】

⑥⑥⓪
進学は　何処《いずこ》でもよし　名門に
するは我が徳　わが力なり
【進学は名門を選ぶのではなく、己が選ぶ】己が育てば、名門となる。

⑥⑥①
【偽らぬ自分を発揮してこそ人生は楽しくなる】

嘘ついて　何の己が　得をする
　実力発揮で　楽しき人生

⑥⑥②
【人格を遺伝と環境と努力を三辺とする、箱に見たてると均整、調和のとれた人格は美しい立法体を為す】

人間は　遺伝と環境　先づ底面
　努力を積みて　高く成就《じょうじゅ》す

⑥⑥③
【長所を活かせば短所は消える】

人のもつ　長所を認め　取り組めば
　短所は消えて　信頼が湧く

664

【企業は人なり。一人の突飛な行動が会社に響くこともある】

企業には　分相応が　人の道
背伸びするには　それだけ出血

665

【上師が叱るのは、見込のある証拠なり】

喜べよ　社長の叱責　見込みあり
即《そく》受け止めて　いざ精進

666

【貧しき時の仲間が真の仲間】

常日頃　人に親切　おつき合い
苦しき時こそ　なお助け合い

667

【苦境にあっては腹を据えよ】

どん底の　苦境に落ちて　覚悟決め
腹を据えたら　元気な力

⑥⑥⑧
【事業とは詰まるところ人生の助け合いである】
事業とは　社会に交わる　人々を
助け救われ　一生和合

⑥⑥⑨
【事業開業は人のやらないもの、やれないものから】
開業は　間口は狭く　深く掘り
人のやらない　物を開発

⑥⑦⓪
【お金も人助けも天下の回りもの】
世の金は　盥《たらい》の水に　さも似たり
どうぞと押せば　どうぞと返る

⑥⑦①
【人皆、我が師なり】
人間は　十人十色　皆先生
各自の指導者　長所に短所

⑥⑦②
【仕事は社会が他でもなく自分に与えられた仕事であるから全て、宝物】
苦しくも　当った仕事は　我が宝
　信念もって　やり抜く努力

⑥⑦③
【職業に貴賤なし】
見栄外聞　忘れひたすら　仕事して
　未来は人に　光施す

⑥⑦④
【人生とは大航海のように長き勝負である】
人生は　長き勝負だ　大波を
　くぐって大成　乗り越え成就

⑥⑦⑤
【「金」という字を見つめていると、辛抱第一の心が生まれる】
大切な　金という字は　人間の
　辛抱第一　努力と読める

⑯76

【早起きは、心と体の健康にとってよいものである】

早起きは　三文の徳　今もなお
　　気分爽快　心身健康

⑯77

【いじめられ、今に見てろの根性が、チャンピオンベルトを締めさせた】

子供時代にいじめられ、その悔しさをバネにして大成した今の心からすれば、いじめた子らがなんとも小さく見える。

いじめられ　今チャンピオンの　ベルト締め
　　晴れた心に　復讐はなし

⑯78

【逆境が、改善への基礎を造る】

逆境に　立ちて改善　今日の基礎
　　困難の壁　破りて勝機

【人生は芝居の如し】

679 人生は　芝居の如し　日々変化《へんげ》
捨身の力が　世を制覇する

【逆境に生きがいを見出す】

680 逆境の　破瀾の中に　生き甲斐を
感ずる人に　不幸は逃げ出す

【人より働けばその分自信がつく】

681 人よりも　三倍働く　その力
十年続けて　自信満々

【寝る間を惜しんで働く】

682 多少でも　希望実れば　寝ておれず
早起き為せば　幸せが待つ

683

【スランプは嘆くばかりでなく、頭脳を駆使して改善すべし】

スランプは　欠点検討　是正して
希望に向けて　努力に専念

684

【金貸しや守銭奴は、自分が困った時には、助ける者が現れない】

借金は　債権者には　大敵で
現金主義が　狭き世築く

685

【人に倍する努力をモットーとする】

常人の　一里の道程　二里を行け
人の倍なる　努力は宝

686

【会食、交際はお互いに負担とならぬよう、楽しく差しつ差されつ、打ちつ打たれつ】

奢《おご》るのも　奢られるのも　皆楽し
無理なく永く　愉快に遊ぼう

⑹⑻⑺ 【貧乏こそ人間を磨く絶好の機会である】

貧乏の　国の日本が　大成す
　貧しき時こそ　人は磨かる

⑹⑻⑻ 【使う必要がある時に使うのが生きた金の使い方である】

金貯めて　必要な金　又貯めて
　沢山貯めて　人に役立て

⑹⑻⑼ 【仕事は楽しみとして行うものである】

毎日を　楽しみ乍ら　仕事する
　仕事が義務なら　人生地獄

⑹⑼⓪ 【座右の銘を胸に深く刻む】

興味湧き　意欲を起す　座右の銘
　無学無銭が　世界の富豪《ふごう》

⑥⑨①

【太っ腹な金の使い方】

挨拶は　誠意を見せれば　ケチでもよい

その分進物　気張る大物

⑥⑨②

【健康な夢に未来を記す】

健康で　夢のかけ橋　かけた時

未来を示す　光輝やく

⑥⑨③

【計画したらまず行動を起こすべし】

無から有　造り出すには　先ず行動

筋道とり出し　創意と熱意

⑥⑨④

【人は恥と恩を学びながら世のために尽くす】

恩を知り　分相応《ぶんそうおう》の　恥を知り

努力境遇　態度《たいど》で明かす

⑥⑨⑤

【短気もまた、使い用により長所なり】

短気にも　実行力の　長所あり
成功率は　実《げ》に高き哉

⑥⑨⑥

【人の交わりは水の如し、善き友を求めよ】

人間は　善悪の友に　造られる
水、方円《ほうえん》の　器《き》によるが如し

⑥⑨⑦

【今住みし、どん底の谷が深いほど、希望の頂きは輝かしい】

人生道　谷深ければ　山高し
挑む望みに　胸は高鳴《たかな》る

⑥⑨⑧

【富を得たれば、活きた金の使い方を知るべし】

富を得て　富豪の今に　価値はなし
社会に盡くし　心育てよ

【鹿島建設社長、就任時の二十ヶ条の御定】

⑹⑼⑼ 社の方針　飾りではなく　全員が
心してこそ　社が活きるなり

二十ヶ条

①旧来の方法が一番良いという考えを捨てよ。②絶えず政策を試みよ。③有能なる指導者をつくれ。④人をつくらぬ事業は亡ぶ。⑤どうなるかを研究せよ。⑥本を読む時間を持て。⑦給料は高くせよ。⑧よく働かせる人たれ。⑨賞罰を明らかにせよ。⑩部下の協力一致を図れ。⑪なるべく機械を使うこと。⑫事業は大きさよりつり合いが肝心。⑬なによりもまず計画。⑭新しい方法新しい考えの採用を怠るな。⑮一人よがりは事を損ず。⑯イエスマンに取り巻かるるなかれ。⑰欠陥は改良せよ。⑱人を怨まず突進せよ。⑲ムダを見つける眼を開け。⑳仕事を道楽にせよ。

【人生は一つの我が企業なり】

⑺⑽⑽ 人生は　己が造る　企業なり
小工場から　道を開拓

⑺01

【事業の拡大は、身の丈に合わせて】

自分なり　分相応の　信条に
人の心が　我を求めん

⑺02

【働くことに生き甲斐を見出せば、それが幸せとなる】

幸せか　不幸か知れぬ　この苦労
働くことに　生き甲斐を知る

⑺03

【苦しい仕事や難関に立ち向かうことが、大きな自信へとつながる】

難関の　仕事に当る　その度に
強き自信が　湧き出ずるなり

⑺04

【時代には前進があるのみで後退はない。己が停《とど》まれば、皆が進みて過ぎて行く】

進む道　進歩せざれば　退歩する
今の社会は　一日万歩

⑰⑤ 【人それぞれが、自分の城を築いている】

経験と　思考の累積　年の甲
　　人様々の　城を築きて

⑦⓪⑥ 【失業した時こそ、立ち上れるか否かの真価が問われる】

失業し　者のみ判る　この辛さ
　　この時にこそ　知能啓発

⑦⓪⑦ 【独立・開業の心構え】

独立は　決意、実行　経済性
　　事業性に　惚《ほ》れたら開業

⑦⓪⑧ 【何事によらず活力をみなぎらせてからスタートを切るべきである】

活力を　航路に乗せて　火をつけりゃ
　　事業の船は　順風満帆

⑦⑨ 【秀吉の草履取りではないが、常に玄関先では履物を揃える】

誰れ一人　敬意を辞する　人ぞなし

人の履物　揃えて嬉し

⑦⑩ 【運命は遠く彼方から見つめているものである】

貧すれば　鈍する破綻の　その前に

今日明日よりも　先を計画

⑦⑪ 【企業はその人と実力こそ評価するべし】

入社して　結果よくすりゃ　昇進する

学識、レッテル　貼《は》るは消沈

⑦⑫ 【一文無し会の人は言う。金がないから起業に成功したのだと】

文無し会　一文学問　無くたって

大学エリート　使う起業家

⑺⒀ 頭から　頼りにされる　人になれ
　我の評価は　世間が拾う
【評価は他人がするもの。我はひたすら我を磨くのみ】

⑺⒁ 話し下手　広告店に　入社して
　訥弁《とつべん》返って　客が信頼
【話し下手でも広告店で立派に成功した例もある】

⑺⒂ 信用と　金は企業の　基盤なり
　金で開業　信用で繁盛
【企業を進捗させるのは信用である】

⑺⒃ つぶれます　レジャー好みの　この会社
　やる気持たすは　野心と夢で
【経営者の嗜好が強すぎると経営に支障する】

⑰717 【売ってしまえばそれっきり、通り一辺の客扱いでは客は遠のく】

つぶれるよ　通り一辺　客商売
土産物屋《みやげものや》も　客は神様

718 【商売はアイディアを常に持つべし】

今なりの　アイデアもって　闘えば
昔も今も　客は集いぬ

719 【時宜を得た金の使い方】

交際《つきあい》の　吝嗇《ケチ》なる人が　活きた金
場所見て使い　倹約の神

720 【人のためになる金の使い方】

札《さつ》ビラは　急処《きゅうしょ》で使い　活きた金
金よりもなお　人が大切

⑰21
【誠意は、伝わなければしょうがない】
信頼を　裸で観せる　この姿
誠の心　見るは先様

⑰22
【人間は夢を追って生きる動物である】
人間は　一生かけて　夢を追う
艱難辛苦　業《ごう》を乗り越え

⑰23
【企業の基盤、資金繰りのうまい経営者は成功する】
企業家の　金借り名人　その業が
人救けつゝ　事業成功

⑰24
【ホテルでは礼儀作法をわきまえた持て成しの心が客を集める】
ホテルマン　心姿《こころすがた》に　現れて
礼儀作法が　客を呼び込む

【人格に軽重なし】

㉕ 世は円《まろ》し　人に軽重　なかりせば
人皆すべて　重く扱え

【いかなる時も常にベストを尽くす】

㉖ 人生は　過去見て未来を　計画し
その場その場に　ベストの連続

【事業に理屈をつけて持ち続けることで成功した（本田技研）に敬意を寄せて】

㉗ 理屈もち　将来かけて　なす仕事
見よ我が企業　山となりたり

【お金の貸借りをしてはならない。貸した時には与えたと思え】

㉘ 貸し借りは　名刀正宗　縁《えん》も切る
先も切れゝば　元をも切れる

【初詣《はつもうで》には多くの人がそれぞれの幸せを願いにくる。自分は人よりちょっとよければいいと願う。全てよかれと】

729
初詣　人、我れよかれと　祈るなり
吾れは人より　ちょっとよかれと

【人間社会は、常に試験の積重ねである】

730
入社後も　なお毎日が　試験也
失態落第　自己の責任

【僻地《へきち》への左遷《させん》も我が修養の地】

731
左遷まで　された我慢の　この場所は
我を鍛える　蓄積のバネ

㉜732

【厳格な職場の規律が広い社会に出たとき、ありがたく思えることもある】

職場では　軍隊並みの　規律でも
社会に出れば　親しき友よ

733

【仕事を趣味と為せば、一生涯趣味で暮らせる】

生涯を　貫く仕事を　持ちたけりゃ
仕事を趣味の　愉《たの》しみとすべし

734

【商売は、アイデア次第で道が開ける】

焼芋屋　十三里半で　名を上げた
栗《九里四里》より旨いは　アイデア次第

735

【転んでも只では起きぬという信念が信用を得る】

信用は　金より強し　その心
転びても何か　掴んで起きる

㉗736
【親父の指導、何処に行くにも一つは何かを掴んで来いと】
映画見て　掴んで帰れ　一つでも
銭《ぜに》とり見せる　人を見習え

737
【忠告をしようか、しまいか、さあどうするという時】
気にかかる　言えば喧嘩の　種となる
いっそ結《ゆ》わずの　この乱れ髪

738
【イエスマンには商売の要諦《ようてい》誠意がない】
肝心な　言葉が言えぬ　イエスマン
本末転倒　客は逃げ去る

739
【商人は、人と共にあり、危機を友としなければならない】
商人は　人間関係　第一に
近代経営　危機こそ生き甲斐

㊵⓪ 【どん底に落ちても「有法子《ユーハーズ》」を忘れない】

落ち込むな　禍福は縄の　如くなり

幸と不幸が　ねじれ出没

741 【商売の秘決】

商売は　地味《じみ》に無駄《むだ》なく　我が努力

常に誰れにも　安く良い品

742 【運は人間そのものが造るものである。そして心身の健康がその基本である】

機会《チャンス》待て　運はハコブの　字の如し

心身鍛え　余力を控えん

743 【逆境に、自分の力を試す】

明日見えぬ　世界を走る　この身故

逆境ありて　我が力知る

744
【あらゆる虚礼は非効率の基である】
先方に　礼節つくし　遠慮なく
ざっくばらんで　共に能率

745
【貯金は、将来の計画の夢を見させてくれる】
金造る　あの苦しみが　この自信
将来計画　何よりの夢

746
【企業活動は常に不況を想定して行うべし】
企業とは　苦境の先を　考えて
思慮の鎧《よろい》で　力を発輝

747
【頭脳と努力と実力を持って進めば、学閥、門閥、屁《へ》の河童《かっぱ》】
実力者　大手会社の　課長より
小さな企業の　社長の才気

⑱748

【現在の職、自分の持場に精通すべし】

我が職は　誰より我が　知りつくし
　上席よりも　持場に精通

⑱749

【発明には熱意や創意はもちろんのこと誠意も必要である】

情熱と　誠実重ね　道聞きゃ
　すきな研究　進歩上達

⑱750

【仕事は、実力以上に頑張ろうとせず、その分、細心の注意をもって臨むべし】

実力の　七分を見せて　後残し
　先見て横見て　後《うしろ》も注意

⑱751

【生物の生命は、大自然の恵みによるもので、全生物は何らかの使命を持っている】

世に受けし　恵みに返す　その力
　世は我でなく　我が世にあり

我が生命を失う時、我が宇宙は全て消失する。されど、現存宇宙は、存在し続ける。

生物は、一定の寿命を帯びて誕生したものであり、各個体は死滅するが、その子孫はＤＮＡ遺伝子により、現在の地球環境が保たれる限り、子孫繁殖、繁栄の大憲章により永続する。そのためには人類が子孫繁殖、繁栄の大憲章の条件を満たさなければならない。


【一度きりの人生、世界に臆することなく大手を振って生きるべきである】

⑰752 大物は　不遜を抑え　平然と
実力三分　かくして生きる

【与えるのが大欲で奪うのが小欲である】

⑰753 人泣かせ　取るは小欲　人助け
感謝のお礼で　得るは大欲

国盗り合戦、テロの略奪戦争は、人を殺してまで横領するもので、このような、人を傷つけ殺生して得ようとする欲は、所詮小欲に過ぎない。

人を助け、援助して得られた感謝の心や、お礼の品を大欲という。世に発明を送り、利用者が感謝してくれるのもは大欲である。電車内で、年寄り等に席を譲ったり親切にすることも大欲である。お礼の「ありがとう」の言葉は心に嬉しく響く大欲である。人々が喜ぶことをするのが大欲であり、ボランティアの方々の活躍には常に大欲をと言える。

⑦⑤④ 【人生に先立つものはとりあえず金である】

人生は　不況好況　浮き沈み
楽しみ延ばして　貯蓄が先手

⑦⑤⑤ 【学歴より、意欲と努力が大事である】

学歴に　負けてたまるか　この人生
学歴以上に　働く努力

⑦⑤⑥ 【努力が人間を変化させる】

一生を　才能よりも　努力する
覚悟の気力と　たゆまぬ訓練

⑺57

【人生は、寿命と運である、その日その日を最高に生きる】

人生の　総決算は　死で決まる
長寿願いて　七転八起

㊻①

「人間の真の価値は道徳の実践にある」

道徳は人の心に根付くもの
権力名誉は切り花に倦とし

⑤⓪④

「心清き人は、何者にも勝る」

無知であれ盲目であれ生きる
身は心よければ誰にも勝る

⑤11

「気忙《きぜわ》しい人は時間を自分から短くしている」

世の中は忙く大きく出来ている
小さく刻むは己れの勝手

⑤22

「謙虚な精神が安心立命をもたらす」

安楽に処世を渉るその秘決
一歩譲りて三分与える

543

「いかなる人格者でも、富貴への欲が破滅を招く」

世を救い国を治める人格者
富貴への欲が身を破滅する

556

「人生、欲に目が眩んではならない」

欲望を興せば人柄滅ぼし
押えりや尊敬受ける世の中

569

「子孫繁殖、繁栄の心」

我れあるは祖先の恩子孫には
永続の福今積みし置く

576

「徳を積み、世人を救うべし」

思慮深く分別極め徳を積み
人欺かず人助くべし

(593)

「過ちては人を許し、我に厳しく」

過まちは自を責めて許す
己が苦と恥は耐え忍ぶべし

庸

(644)

「天然の美の中に住めるのは、最高の人生である」

天然の美に包まれて苦しむは
なお欲望のしがらみによる

庸

⑥⑥⓪

「進学は名門を選ばず、己が選ぶべし」

進学は何處でもよし名門に
するは我が徳わが力なり

⑥⑦⑤

「金という字には辛抱第一の心が含まれている」

大切な金と言ふ字は人間の
辛抱第一努力と読める

第十一章　常識を活かす

第九条　常識の社会に生きる条件

常識とは、「その場における最も妥当な判断力」をいう。判断力の指示により活動は開始される。

【常識は、現状を把握《はあく》して間脳による判断と併せ行動し、その場に合った処理をすることである】

⑱758
常識は　心の中の　制御にて
有事の処置を　判断処理す

【心は、間脳により人の感情を造り出すもので、心は様々に変化する】

759
心とは　大小脳の　間《ま》にありて
間脳により　我を制御す

【人間全て、個人は、単身であり独心である。自分の世界は自分で制御するものである】

⑰⑥⓪ 己とは　常に單身　孤独にて
心に常識　なけりゃ歩けぬ

人類は総《すべ》て、人類細胞ＤＮＡの遺伝によって単心単独の生命を与えられ、子孫の繁殖、繁栄の使命を帯びて地球上に誕生した。人間としてこの使命を全うすることが、「人間の条件」の基本である。「常識の条件」とは、人々は人類繁殖、繁栄の「大憲章」即使命を持って生存していることをいう。その社会の人々に迷惑をかけない生きるためのルール人間の常識である。人間個人としてこの基本を衛《まも》って正しい社会を築くことが、人間の常識の条件である。

【人間は徳智を身につけた時の状況を忘れずに行動すれば恥じる処はない】

⑰⑥① 心身に　徳を身につけ　社会では
恥じぬ操行　心に常識

人間は、繁殖、繁栄の使命を頂いてベターハーフと出合い、結ばれ、悦楽の褒美と幸せを得た。この世に幸せがある限り、この娑婆には、ひしめきあう六十億の人類とともに、一億種類もの生物が生存競争を繰り広げ生きている。この中で我々人間は四苦八苦し、逆境に挑みながらも、人間としての常識を身につけて、明るい人間社会を築こうと必死に生きている。心とは、己が己を感じるものであり、悲しみや苦労も、己が己に打ち勝ち、己を克服してこそ、喜びとして己に響き、掴みとれるものである。他人との心の葛藤は千変万化で、己の心さえ刻々と変化するものであるから、他人の心に不要に介入することは避けねばならない。人との争いを避けるためには、その場、その時の常識をよく弁《わきま》えて、人との確執をなくすことが肝要である。

〝常識とは、その時、その場の社会通念上の妥当な判断力をいう〟

【人は運命に対して盲目《もうもく》である。明日の生命も知れぬ、常識を正しく生き抜くことが最善の策である】

㊷762 運命の　娑婆《しゃば》を生き抜く　人生は　常識の道　外れちゃ往けぬ

人間は、明日をも知れぬ運命と、お先真っ暗な娑婆道を進み、生き抜かなければならない。常識はこの人生の道案内をするもので、常識をよく掴んでいる人は、間違った道や、落し穴には合わずして進むことが出来る。

故に常識の基本を、義務教育として幼児の頃から叩き込まれ、その後も花嫁修業や就職指導、道徳教育等々によって、親家族や学校の先生などから手ほどきされてきた。常識は、誰もが生きて生活するために持つべき知識や心得である。

【世のもめ事の多くは、色と欲によるものである。我が慢で我慢の効かない人の人生は、屑《くず》の人生です】

⑺⑹⑶ 色欲が　常識破り　不倫して　夫婦の絆　逆切れの因《もと》

数十億の人類といえども、男と女の二種の異性の集合体である。天は人間に異性と結合して人類を繁殖させるという使命を与えた。使命に従い、男女は将来を誓い契《ちぎ》りを交《か》わした。被露宴までして夫婦の関係を発表した。ここに夫婦の常識が始まったのである。

とはいえ男女の仲、他の異性との出合いの機会が出来て、常識を外れた関係になってしまうこともある。これが不倫であり、常識を破った者はその重い責任を負わねばならない。江戸時代においては男女重ねて斬罪に処した。厳に常識の条件は守らなければならない。

【人間社会はベターハーフを探し求める出合いの場でもある。常識の条件を弁えぬ者は三歩とあゆめず】

764 地球上　何處へ往けども　男と女
　されば常識　なけりゃ歩けぬ

〝男女七歳にして席を同じうする勿れ〟と言う。地域によって多少異なるが、幼児を過ぎれば多少なりとも性に感ずるようになる。七歳でも、異性の沙汰はあるからにして、男女同席戒めにも一理ある。義務教育や未成年者への常識の条件の指導は、怠ってはならない。

【子供の妊娠教育】

765 七歳で　同席拒《こば》む　男女とは
　子供と見れども　孕《はら》む術《すべ》あり

俗に〝十三パッカリ　毛十六〟などと言う。昔から日本では十三歳頃に初潮が始まり十六歳頃に毛が目立ち始めるとの警句である。南方では七・八歳での出産例があるともいわれている。

【口に出しにくい言葉】

766 珍宝や　満腔言えず　恥らいて
　　おそゝまらとは　見栄もそこまで

口に出しにくい言葉はあるもので、「おそそ」や「まら」は言えるけれど、「珍宝」や「満腔」は、口に出すのが憚《はば》られる言葉である。テレビでは使用されるか否かが、言葉の使用の一つの基準となっている。

「はい」、「いいえ」は　自分の態度を表明したり今後の自分の活動を決定づ実践的なける言葉で、大切な発言であるが、心よくはっきりとは言えない場合がある。これも時によっては言いにくい言葉である。

【人を支配する人の常識の責任は重大である】（人間の条件を基本とする）

767 フセインや　ブッシュも全て　人なれば
　　挑む常識　裁く常識

尊い人名を預かる為政者の常識は、一分の歪《ゆが》みもあってはならない。その者、一人の心の衝動が、数万、数百万の人々の生命を脅かしかねないからである。

テロの首領にしても、米国大統領や宗教僧侶《そうりょ》等々にしても、人の上に立ち人の尊い生命を預かる者は、その立場、事局において、大きな常識、小さな欲を分別せずして、集団の長となることは許されるものではない。

人間としての「常識の条件」を己なりに己の心に銘記して事に当たるべきである。

【子孫繁殖の条件の基の性行為は許されるが、邪な性は謹しむべき】

⑱ セクハラや　痴漢おこなう　その前に　異性が喜ぶ　常識学べ

現代は、異性に対しての猥褻な言動はもちろんのこと、褒《ほ》め言葉であっても相手に不快な念を抱かせればセクハラとなる。「痴漢《ちかん》」の疑いは更に注意しなければならず電車や混雑な人混の場所では、男性は両手を上にでも挙げていなければならない始末である。酷い女性に逢って痴漢騒ぎにでもなったら、慰謝料を請求され、離婚にまで追込まれ、家族は離散し家庭は崩壊《ほうかい》することにもなりかねない。

昭和の頃は、映画や祭り、盆踊り等は、若き男女のまさしく「触れ合い」の場でもあったものだ。中には、夜這《よば》いなんていう器用な奴もいたものである。

【常識に根差した道こそ、美しき人道である。人道を明るく正しく歩むためにはしっかりした常識を常に持たなければならない】

769 常識の　心がなけりゃ　この苦娑婆
　　罪と罰とで　生きて往かれず

常識があってもちょっとした言葉の言い回しや褒《ほ》め言葉が罪とされてしまったり、またちょっととした弾《はず》みの体の接触が犯罪とされてしまうことがある。

このような現代事情のもとで「男女の仲は、〝腫れ物に触るが如し〟で、まったくデリケートなものになってしまっている。

だからと言って、若き男女は恋愛に臆してしまってはいけない。お互いに常識の条件を守って、時には我慢をしつつ、心を向け合うべきである。美しき恋愛と邪なる犯罪は確別されなければならない。

【欲には、色欲、金欲、出世欲と枚挙に暇《いとき》がない。それを求める人の欲にもキリがない。】

770 慾持てば　出世したけりゃ　出世慾
　　慾に飛びつきゃ　慾が手を貸す

⑺1

【好機再度来たらずと言う。必ず掴かむべし】

運命は　常に我等を　見張ってる
熱意と誠意が　チャンスを掴《つか》む

⑺2

【恋愛の痴態は相思相愛であれば、第三者から観てもどこか清らかである】

恋愛の　肌の触れ逢い　自然なり
相愛の痴態《ちたい》　麗《うるわ》しき哉

⑺3

【独身に与えられた性を超えた条件】

愛情は　性の欲求　超えたもの
孤独抜け出す　希望の光

⑺4

【常識なき人は、対極の理解ができない】

学べども　努力なかりし　生き様は
群盲象《ぐんもう》を　撫《な》でるが如し

盲人達が、象と出逢って各自触れては、これを評した一人は壁だと言い、二人目は大樽《だる》だと言い、三人目はホースだと言い、四人目は大きな団扇《うちわ》だと言った、という故事である。目が見える人でも、それとその場の知識がなければ、その場では群盲の象のたとえと同じである。事ほど左様《さよう》に常識は大切なものである。
その場の人達と前に進むにはその場の常識の条件がなければならない。

⑺⑸ 【常識を見極める場合もある】

問題が　あらば掘り下げ　その躍動
解いてほぐして　尚育て行く

⑺⑹ 【苦境にあって常識を磨く】

不況時に　入社の社員は　底力
不断の練磨　技術の躍進

【物を粗末にすることへの戒め】

⑦⑦⑦
蜜蜂の　努力の蓄積　蜜の樽
粗末の厳しさ　肝《きも》に銘《めい》ずる

⑦⑦⑧
【隣人を大切にすべし】
人の義務　努力で成功　隣人を
大切にして　社会に盡くす

⑦⑦⑨
【アイデアとは無尽なものである】
アイデアは　現世にありて　無盡蔵
頭脳は全ての　世界を救う

⑦⑧⓪
【青年よ常識を身につけて、いざ、世に羽ばたかん】
貯金して　克己《こっき》忍耐　身につけて
誘惑斥《しりぞ》け　仕事に専心

⑺⑴ 【情けは人の為ならず】

世の中の　人の為にと　尽くしたら

回りまわって　我に帰れり

⑺⑵ 【ある社長の企業発展例】

職員に　手紙で仕事を　督励《とくれい》し

社内感激　事業発展

⑺⑶ 【常識に向かって頑張る】

なにくそと　人生航路は　苦境でも

頑張れ男の　意気地《いくじ》のちから

⑺⑷ 【貧乏は自分の責任と心得るべし】

貧乏は　自分が造り　我が責任

日々の倹約　努力が足りぬ

(785)

【仕事には信念をぶつける】

仕事には　信念もって　精を出す
永続成果　事業大成

(786)

【最愛の家庭を守るには、その基《もとい》の仕事が大事】

男には　仕事と家庭の　両天秤《りょうてんびん》
比重はちょっぴり　仕事にかける

(787)

【若い男の恋愛は口べたである。】

恋愛だって、熱意に誠意、創意が必要。失敗しても〝寅さん〟の心意気。

若社員　口の効き方　幼稚園
恋愛気分は　言葉が大切

⑻⑻ 【常識の活用は、アイデアに始まる】

アイデアは　先づ人間を　引き立てる
行なってこそ　成功がある

⑻⑼ 【計画達成には十年が常識、始めの三年は初段階】

栄転し　初年は学び　次実行
創意工夫で　三年卒業

⑼⑽ 【お金を使うタイミングは商法の第一義である】

「時は金なり」また「金は時なり」とする。

〝金と間〟は　離しちゃならぬ　根性で
旨く使って　築城完成

【安物買いの銭《ぜに》失い、ほどの無駄遣いはない】

⑺⑼1
百円の　店多けれど　欲しがるな
家に帰れば　とんと使わず

⑺⑼2
金よりも　より使いたい　金の欲
金が欲しけりゃ　仕事覚えよ
【金が欲しいのは、誰でも同じ】

⑺⑼3
偉大人　普通の徳の　道を行く
正直、友情　助け信ずる
【聖人は、普通の徳の道を堅く進む人である】

⑺⑼4
老人に　欲しいものはと　問いぬれば
死ぬまで欲しいは　色と金なり
【老いても欲は衰えじ】

795

【人生は二度なし】

人生は　一回勝負の　生命なり
チャンス二度なし　相互に協力

796

【自分勝手な一方通行の話は通らない】

人の気も　聞かずに勝手に　早合点《はやがてん》
世の中それ程　甘くはないぞ

797

【緻密《ちみつ》さと勘働《かんばたら》きの良さが男の美徳である】

勘《かん》のよさ　男の美徳は　緻密《ちみつ》性
時代感覚　巧みに活用

798

【何処の親にとっても子育ては厳しい】

子供らに　自力で活《い》きる　術《すべ》教《おし》う
でかい遺産は　鬼の教育

⑲799

【頭は生きてるうちに使うもの、商機があらば考え行動】

何事も　頭使わにゃ　勝てやせぬ
　金には頭と　身体《からだ》を使え

⑳800

【働く以上、苦しみは常識、そこは努力で運命の契機を掴《つか》む】

信頼を　受けて謙虚な　人となり
　契機を掴み　運命開く

801

【勤務外の自由時間を活用する】

自由時間　活かせば生きる　人生は
　凄き力が　社会に貢献

802

【人生は、大海原を航行するが如し】

人生は　浮きつ沈みつ　波の上
　辛抱努力の　甲斐に救はる

⑻03
【家族ぐるみの事業の充実感】
事業する　家族ぐるみの　協力は
苦しき事も　皆の楽しみ

⑻04
【夫婦といえど異心異体。これを一心同体と為すが常識】
あくまでも　夫婦は異心の　異体なり
夫婦愛にて　心も合体

⑻05
苦も楽も　夫婦は二人で　分ち合い
耐える生活　味の旨さよ

⑻06
【個人を組織で活かして大成功　東電会長・木川田一隆氏に寄せて】
誤るな　個人を活かす　組織こそ
組織社会の　基盤たるべし

⑻07
今日もまた　人に役立つ　ことありや
人にはつくす　ための生命《いのち》ぞ
【我が生命を、世のため人のための生命とす】

⑻08
現実を　肌で感ずる　努力から
生きた勉強　社会に学ぶ
【社会は実践の学の校舎、学び舎《や》である】

⑻09
世に盡くす　場所を求めて　活きる人
利己的場面に　落し穴あり
【人間の条件、子孫繁栄に尽くす人は、利己的な報酬を求めてはならない】

⑻10
富育ち　自制心なく　欲に燃え
唆《そその》かされて　身も破滅する
【富豪家の悩み、火事は宅地を残すが、道楽息子は土地まで失う】

⑻⑾

【大きな徳を持つ人は、全ての人を受け入れる心がある】

何事も　極意の徳は　自然なり

全ての心を　受けるものなり

⑻⑿

【大自然の中に我が生命を与えたのはただ、我が親である】

我ありて　世が見え住める　大自然

宇宙の神は　父と母なり

⑻⒀

【企業性を保つには厳しい懲罰の定めが必要である】

企業には　信賞必罰　基礎となし

恩恵怨仇《えんきゅう》　秘めて助けよ

⑻⒁

【努力して枢要《すうよう》な権力の座についた時こそ、徳の道を進まねばならない】

権力が　地位の座につく　戒《いまし》めは

心和やか　言行厳正

⑧⑮

【世間には、悪口を言ったり中傷する人が多くいるものである】

媚びへつらい　隙間風にて　身を損ない
　　徳を傷つけ　我が身は破滅

⑧⑯

【華美華食、贅沢な生活は避けよ】

華美華食　驕《おご》る平家は　長からず
　　家族制度は　施主の責任

⑧⑰

【為政者や権力の長たる者は一分の常識の欠陥も許されない】

満水の　器に落す　一滴は
　　表面の水　流し去るなり

⑧⑱

地位持てば　満水の器を　持つ如し
　　三分減らして　余裕で進め

⑲ 【自然の世界は、温和にして静かを好む】

せっかちは　粗雑失敗　成就せず
心平静　幸の世造り

⑳ 【世渡りは分別が大切である】

何事も　一事が万事　けりをつけ
喜怒哀楽も　始末はつきもの

㉑ 【天命は、賢人富者を人間社会に現した】

天の意が　賢人富者を　遣《つか》わした
各々人に　盡くす義務あり

㉒ 【生命は全て、後継者と入れ替わるものなり】

生あるは　時に滅する　仮姿《かりすがた》
蜉蝣《かげろう》だって　生命はある

㉓ 823

【生命を運命に預けて齢《よわい》を過ごす】

運命は　名声恥辱に　心なく
　平然として　それを眺める

㉔ 824

【人生の前後は知られざる世界であり、無から出て無に帰するものである】

昨日なく　明日は未だなく　あるは今
　無から生れて　無に消滅す

㉕ 825

【人生の幸不幸は薄氷を踏むよりも険し】

人の世は　一枚紙の　裏表
　背中逢せの　地獄極楽

㉖ 826

【世の中は自然体であり、ままならぬがあたぼうの巷《ちまた》】

世の中は　まゝにならぬが　人の常
　信念掴みて　堂々暮せ

⑻27

【常識の徳あるものは最高なり】

見栄よりも　心賤《いや》しは　格がなく

心賢きゃ　王座が待てり

⑻28

【誰とでも逢ってみるのが知識の貯蓄なり】

訪問の　客に逢えるは　貯蓄なり

知能も心も　宝とならん

⑻29

【主従はその立場を離れれば同胞の仲間である】

主従の差　共に同胞　変りなし

従《じゅう》と雖《いえど》も　平常《つね》は友なり

⑻30

【人格をみて人を選ぶ】

個性もつ　人の心は　用に立つ

心なき者　停《とど》める要なし

【礼儀は心の証、挨拶は礼儀の手本なり】

(831) 挨拶は　先手必勝　世の習い
上旨《じょうし》の言葉　心に通ず

【服装の整正と身だしなみに人格は現れる】

(832) 身仕度は　その人格を　かもし出す
常時にありても　身なり正しく

【礼儀作法は常識の基本である】

(833) 交際は　礼儀作法の　裏表
知りて使いて　人格を得る

【各分野において、人より優れた者、劣る者はいるものである】

(834) 世にあれば　上には上の　人がいて
下には下の　人の多かり

⑧③⑤

【心とは、千変万化する変わりものである】

心とは　そこ此處変れる　便利あり
自由に旨く　大らかにあれ

⑧③⑥

【とかく私心ある者は疑心を抱く】

人間が　孤独で生きる　基本とは
私心なければ　疑心も湧かぬ

⑧③⑦

【生命とは天がこの世に遣わした客なり】

此の娑婆に　客に来た身の　心意気
苦しむ処か　有難き哉

⑧③⑧

親友も　敵愾心《てきがいしん》を　潜《ひそ》み持つ
毅然《きぜん》の態度に　軽蔑はなし

839

【アメリカ新大統領オバマ氏の国民演説】

国民に　一致団結　呼びかける
オバマ氏の意志　全員が湧く

⑺⑹⑺

「人を支配する人の常識と責任は重大である」

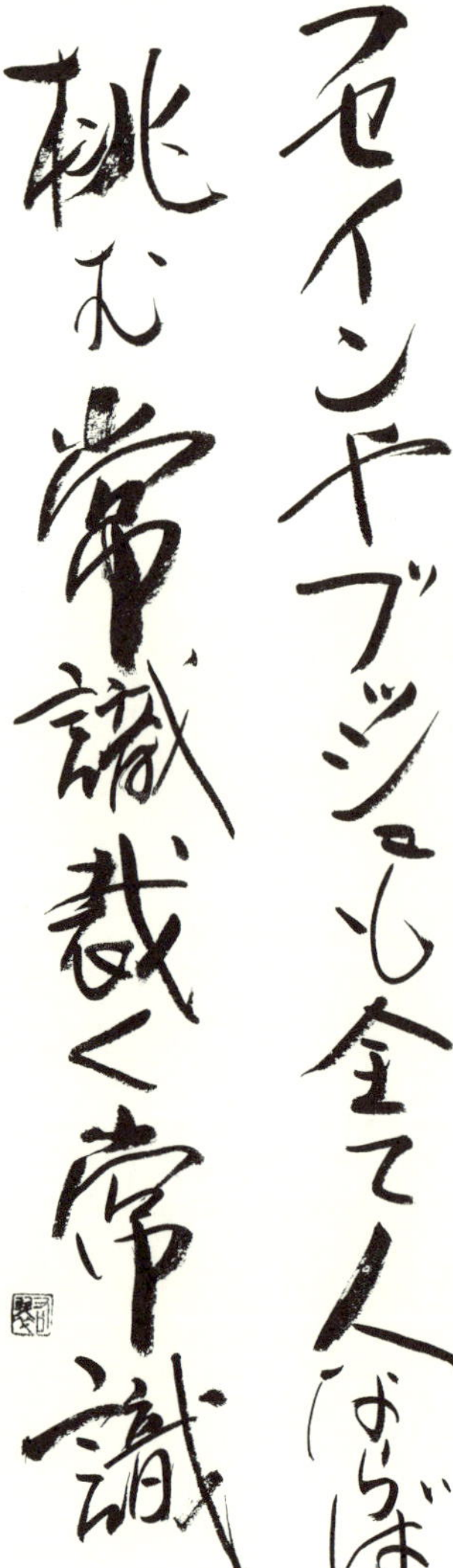

⑺⑺⑷

「常識なき人は群盲象を撫でるが如し」

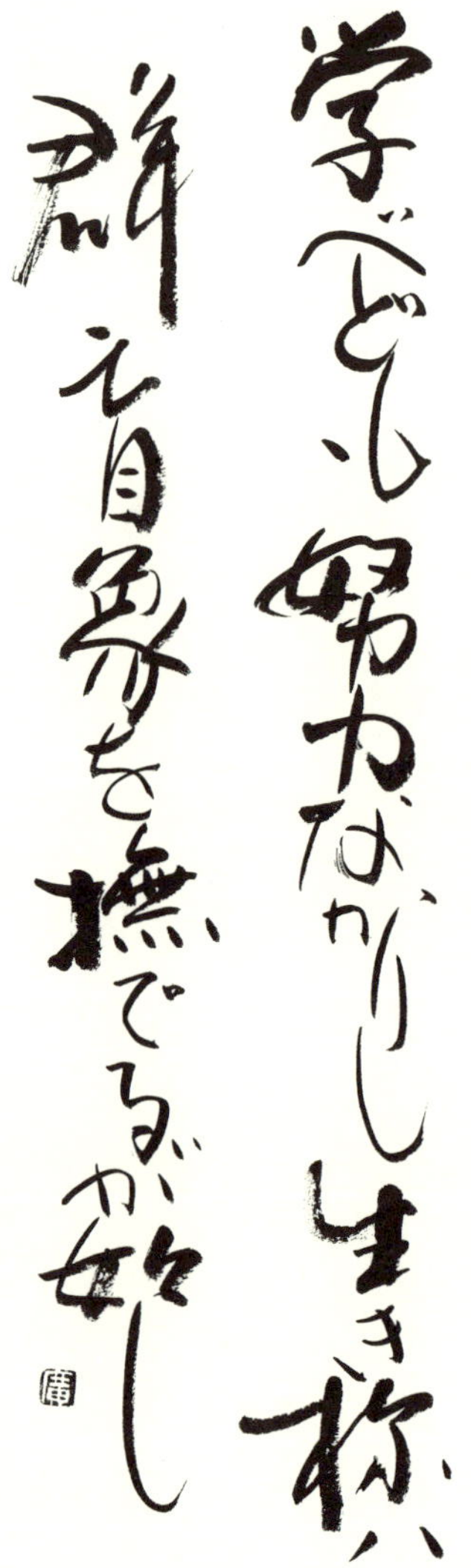

第十二章　人間の一生　実践編

人間の条件　実践録

一、日本は、最盛期からどん底の三等国と没落した激動の昭和を乗り切り、再び経済大国へと這《は》い上がった。これは、当代を生きた還暦の老骨が実践してきた人間の条件の物語である。

⑻⑷⑽ 人全《すべ》て　單身・独心　孤独なり
伴侶求めて　世界を掴む

伴侶を得て子孫の繁殖、繁栄を図ることは、この世に生命を受けたものが必ず実践せねばならぬ、ともに生きる条件の根源であり、人間に生涯課せられた責務である。そして、この社会の繁栄を果たすべく努力することもその生涯に課せられた本分となる。

私は貧乏国の貧乏百姓家に生れて、「俺って、何なんだ」「人間とは何なんだ」「宇宙とは何なんだ」という疑問を「人間としての心の条件」を探し求めることによって問い続けてきた。当時の日本は世界列強の餌食ともなる国難危機の時代を向えていた。

日本の夜明け「オーバー・ダウン・ゼロ」は、江戸時代の末期に発起し明治維新によって鎖国政策による暗国の時代から夜明けとなって開国した。

世界の数ヶ国の大国は、すでにアジアの植民地化政策を開始していた。日本もまたその煽《あお》りを受けアジア各国の激動の渦《うず》に巻き込まれていた。

⑻⑷⑴ 泰平の　眠りを覚ます　蒸気船《じょうきせん》　たった四杯で　夜も寝むれず（詠み人知らず）

当時の庶民生活は、尊皇攘夷《じょうい》・倒幕運動等に翻弄され、国内は乱れたが、明治維新の改革で、全国の統一が成った。またアジア各地は印度、豪州、東南アジア、仏領印度支那、フィリッピン列島、香港《ほんこん》等が大国の植民地とされた。日本国もまた、ロシアに奪われんとしたが、日本海海戦で危うくも勝利して、難を逃れつつ昭和の時代に突入した。

二、昭和維新の逆境を這い上がる少年の意気込み

私は、還暦に至るまで、全くこの昭和という時代とともに生きてきた。

⑻④② 人全て　生れ育ちは　変われども
単身独心　同じ苦しみ

苦娑婆《くしゃば》を生き抜く人々の全《すべ》ては、単身、独心の個人が、法治の下に責任をもってそれなりの道を生きている。「生き抜く」とは、苦娑婆は全き茨《いばら》の道であり険しく厳しいものだからある。人間は妨害障害、我が心でさえ自由にならぬ葛藤を、乗り越えて進む道を、「人間の条件」と照して正しく生き、幸せを掴んで世を明るくせねばならないのである。

初夢《はつむ》とは、この物語の主人公の名前である。父は久夢《きうむ》で兄は尊夢《たかむ》、母は七五三香《しめか》で長女は照香《てるか》、その妹には、夏香《なつか》と松香《まつか》がおり、七人の家族である。

初夢の生い立ちは、貧乏百姓の小倅《こせがれ》で、人並みの暮しか、それ以下の家に、裸一貫で生まれ、ここに火の玉小僧の人生双六《すごろく》の丁半博打の賽《さい》は振られた。

口上幕を設けるならば「小兵《こひょう》なれども、初夢発する処、関東にござんす。関東関東と言っても些《いささ》か広うござんす。関東は周りに聳《そび》えし、赤城、榛名、妙義なる三山を屏風に背負う上州にござんす。上州は地の利に優《すぐ》れ、金波銀波の坂東太郎は大利根川を小脇に抱え、襟都《きんと》の都、前橋にござんす。前橋をトントーンと西に下れば二子山やら重《かさ》ね山等古墳墳墓の地、上野《こうづけ》国分寺、国府の住家《すみか》は花園にござんす」といったところである。

氏と家系を紐解けば、清和源氏は、新田義貞の後胤、弟義重七代目、新田主水正景純《にったもんどのしょうかげすみ》、姓を改め後閑と称し後閑城を築城し、武田と合議、今川勢と参戦す。後閑総本家の次男後閑定良は、昭和裕仁天皇側近として、国家激動の五十年間を侍従として仕えた。

現在の本家は立派なれど、我ら分家の先祖は、当時の儀侠、国定忠治の餌食となっての貧乏暮らし。されど伯父達は、小学校の教師と前橋市の巡査で、当時は立派な中流生活だった。初夢の親父（三男）の久夢は一旗挙げようと東京へ出たが、関東大震災の憂き目に逢いて這々《ほうほう》の体《てい》にて逃げ帰り、一町歩そこそこの水飲み百姓を継ぐ破目《はめ》となった。これでも人生有り難し、逃げて帰れる家があった。久夢は喜び勇み立ち上がる。

㊽㊸ 災難に　逢えど前向く　心にて
再度の挑戦　家族芽をふく

伯父（長男）の先生は、向かいに立派な家を立て殿様並みの生活だ。伯父（次男）は、前橋の巡査となりて、ガチャ勤め。巡査を「ガチャ」とせる綽名《あだな》は、当時の巡査が腰に一メートル位の下げ刀「サーベル」を着けて歩いていたことによる。歩く度にサーベルが足腰に当たり、「ガチャッ、ガチャッ」と鳴るので誰言うことなく、「ガチャ様」という綽名をつけていた。次男の伯父（前橋のガチャ巡査）は、土百姓とは全く異なる晴れ姿！

替わって初夢の親父は、東京で一旗挙げて錦を飾る志。まさかの地震でこれを絶たれ、貧乏百姓の祖父を抱え、人生道を真っ逆さま。縁は異なものとはよくいった。こんな親父の処に嫁いだお袋七五三香《しめか》は立派なり。祖父母の始末は当然で、何より辛《つら》きは、軒を並べた目の前に先生をしている兄貴の家族が住んでいる。義姉のお通《つう》は器量は良いが心根は正反対、義妹の七五三香《しめか》は、人一倍の苦労に泣いた。

子供五人抱え込み、同居の祖父母をいたわりて、百姓仕事のその中で、本家元での御勤めこなし、親父と畠で共稼ぎ、家に帰れば掃除洗濯、食事をつくり、子供の面倒見てやって、他人の家族に負けてはならじ、子らに恥をかゝせぬようにと、心を使い身体を張って子らは我が身の分身と、生命賭《と》して子育て一途。兵隊は戦地で戦死の時に、「おっ母《か》さーん」と手を空《くう》に求めて逝ったというが、親子の絆全く身につまされた本当の話である。初夢の親父は自慢じゃないが器量よしの優男《やさおとこ》「市川雷蔵」、役者さんだと近所の人に乗せられて、心明るく、お人良しだったことは記憶に深い。前橋から嫁に来たお袋七五三香《しめか》もこんな処に惚れたのか、縁は異なもの味なものとはよく言ったもの。

人類の「子孫繁殖、繁栄」の絆は、自然の仕組みの中で為され、斯くして我あり。

【縁結び、仲人役（媒酌人）は、三組以上爲してその大役一人前、といわれている。】

子孫繁殖、繁栄の人間条件の掟は昔から、自然の中に培われていた。

⑻⑷⑷ 見合いした　話と容姿は　異なれど
契りしからは　世界は二人

三、家族は、人生のスタートラインである。

動物の生命が地球上に誕生した時を原点とすると、その時点から生物・動物の全ては弱肉強食の世界にさらされ、また弱肉強食のみにより生存可能な仕組みとなっている。

鹿・象・キリン・水牛・馬等の四脚動物のほとんどは、生れ落ちるとすぐに前足を突っ張って四つ脚で立ち上り、誰に教わるでもなく遺伝の力で、母親の乳首にしゃぶりつく。この世に生を受けた時点で弱肉競争の闘いは始まっているのだ。

特に山羊・馬等はライオン、ハイエナ等と共に生存している。生れた瞬間に襲われる場合も少なくない。赤子だからといって生優しいことは言っていられないのだ。生れた時から外敵による生命の危険に曝《さら》されているのだ。

ところが、萬物の霊長たる人間様は、二ヶ月でやっと目が見えて、一年経ってよちよち歩き、六年経って義務教育で、二十歳まで成人教育、社会に出てもすぐ命を奪われるような危機はない。あるまじきことに自分の生命を自ら奪うことはある。

家族は、人間の養成所であり人生の出発点である。

初夢が五歳の秋だった。前橋市にある群馬県庁に、昭和天皇が行啓されるという新聞が配られた。家から県庁までは三キロメートルの距離の処にあり、父の久夢は、初夢に淡茶色のフラノの洋服を着せて、荒人神《あらひとがみ》なる天皇陛下の拝謁に出かけた。「本家の定良様は、昭和天皇の側近侍従職であり、必ず随行して来る筈だ」、と父は息巻いていた。県庁前の大広場は、人々の大さわぎで既に前橋公園の方から鮨《すし》詰めの状態である。父久夢の肩車に乗って、天皇陛下を見ようとしたが、見える筈もなかった。また見えた処で五歳の幼児《おさなご》に、何が感じられるというのだ。

初夢はただ何時も父と触れ合う機会が少なく、父といっしょにお出かけをして肩車に乗せてもらっただけでも嬉しさは最高だった。

父久夢だって当然拝謁出来よう筈がないと思っていたはずである。何故こんな人混みの中に来たかというと、参画したということを、己の姿勢・態度として世間に公表するためであった。俺は皆と同じ世間並みのことをしているというあかしでもあろう。また家族に対して、家族の長としての建て前を装っていたのであろうか。

⑧④⑤　何事も　家族の長《おさ》の　責任と
　　　　　　常に心《しん》・身《しん》　指導に当る

この志があってこそ、家族七人が一丸となって親兄弟姉妹の絆が結ばれ、自然と親への信頼感が生まれるものである。

⑧④⑥　戒《いましめ》の　親の言葉と　茄子の花
　　　　　　千に一つの　無駄はなし　とか

四、池に飛び込み銀貨を拾う

初夢がまだ五歳のころ、いつも友達は近所の七〜八人の子ども達だった。

ある日、宮川の敏夫君や仂君らと数人で冬の朝日を浴びて遊んでいた。さくさくと一センチほどの霜柱を踏んで、寒さ知らずのわんぱく小僧が集まって、弁天様の池の周りでの、チャンバラごっこは楽しかった。ふと池の周りの石垣から池の中を覗くと、光る五十銭銀貨が目にも眩しく飛び込んだ。お祭りの時、一銭貰って、鉄砲玉が七つも買える時代だった　すごい宝に喜び勇んだ。夏はこの辺は水泳ぎの飛び込み台で、この辺の水は、濁ってしまってまさしく「泥鰌《どじょう》の喧嘩で澄まねえ」場所だ。一寸先も見えなかった。それが冬ともなると薄氷が張って、底の方まで清く澄み渡った。その中に五十銭銀貨が踊って見える。「オーイ銀貨が落ちてるぞー」仂君が初夢の裾を引っ張った。初夢は腕を捲くって手を差し入れた。上で見たより遙かに深い。この年頃じゃ水の屈折なんか分かろうはずもなく、あと少しと、乗り出せばあれ〜と言う間もあらばこそ、薄氷の冷たき池に落ち込んだ。こんな時でも震える手には五十銭銀貨がしっかりと握られていた。寒さに震えて家に帰れば、父親は怒り、「この馬鹿者が何をした」即座に「親父」に尻を叩かれ大目玉を喰《くら》った。母七五三香は、愛情をこめて「頑是《がんぜ》ない子供のことさ、もう許してやれば」といさめてくれた。せっかく五十銭銀貨を見つけたのに、という反感はあったが、金より大事な生命《いのち》を思ってのこと、子供を思う心が尻に響いた。

悪い時には父は叱る。母はこの時、理由を聞きつつ慰め役になって、子供に善悪の道を説く。両親が一緒になって叱ったのでは子供の育つ道はない。

847　**親の鞭《むち》　生命を庇《かば》う　心から**
知らぬがうちに　身に染みるもの

848　**善きにつけ　悪しきにつけて　飛ぶ拳固《げんこ》**
父の教育　心身《はだみ》に染みる

子供心では良いことをしたと思っても、親の目からすれば違った意味での躾となるのだ。可愛い我が子を育てるために、心で泣いても鞭《むち》を飛ばすのが親心である。

明治維新の夜明けに貢献した吉田松陰も牢屋の中で、処刑に当たり母に詫びたという。

⑧⑷⑼ 親思う　心に優る　親心
今日のおとづれ　何と聞くらん　とか

子供が親を思う心には、親に甘える気持ちが大きいが、親が子供を思う心は、我が身に替えてでも、良い子に育て、怪我や病気をさせないで、一人立ちさせる必死の心なのである。我が子を一人前にして、嫁を娶らせて家庭を築いてほしいと願う心である。母親は誰しも、お産の時、「人並みに五体だけは満足な子供であって欲しい」と願うものである。「子孫繁殖の精神」は常に培われているのだ。

五、家族の食事にゃ鞭が飛ぶ

（一）【朝餉《あさげ》】（鞭《むち》とは、しの竹の根であり、根元径は一センチほどで先端は五ミリ、五センチ幅で節が並ぶ、一メートルくらいのしなやかな棒に磨き上げた仕置き棒であった）

朝餉《あさげ》の時間は、学校に間に合うまでと定められていた。学校は三百メートルほどの近い処だけに、色々なことに便宜が図れた。

父は朝食前の仕事をし、子供には、朝飯前の「行《ぎょう》」が掟《き》められていた。行を済まさねば朝食にはありつけない。初夢にとっては、牛の朝食分の餌を背負い籠に一籠分の草を苅って牛に与えることと庭掃除が「行」である。妹夏香にとっては座敷掃除と縁側や戸棚の雑巾《ぞうきん》がけと台所《だいどころ》（家の土間と勝手の土間）掃除が「行」である。昨日夏香は、台所の下駄や草履《ぞうり》の揃え方が悪いと母に叱られていた。座敷掃除は猫が顔を洗ったようで真ん中だけを丸く掃いただけだった。台所では二足の下駄の鼻緒が前向きにしっかりと揃えてなかったのだった。朝食は、四角の向い合っての食事である。当時はテーブルなんかは何処の家にもなかった。各自の箱膳《はこぜん》を前にして膳の蓋《ふた》を返して膳台とする。母が各自の茶碗に御飯を装う。順番は常に父からである。父の位置は奥の中央の上座で、誰にでも鞭《むち》の飛ばせる場所である。特に食事の時の躾は厳しい。箸の持ち方使い方、向こう箸から睨《にら》み箸やら迷い箸、選び箸から囓《かじ》り箸等々、行儀が悪ければすぐに鞭が飛んだ。父はまた食事の前にも説教やら訓話を行なった。

人間は無くて七癖《ななくせ》、有って四十八癖《くせ》というがこれには善い癖、悪い癖がある。食事後も、茶碗を洗わず舌で嘗《な》める癖の者があり、それをそのまま膳にしまえば即座に父の鞭が飛んだ。親父の膳は格式のある立派な膳であった。何処の家でも親父の威厳《いげん》は高かった。

（二）【昼の弁当】

昼の弁当は、学校での嬉しい一時《ひととき》だった。いつも食べる前には、母に手を合わせて食事した。家で食べる分の、米五分、麦三分の糅飯《かてめし》が入った釜の中に、弁当分の米を小さな柳行李《やなぎごうり》に入れて米炊《こめだき》きしてくれたものだ。母の心に弁当箱の蓋を涙で濡らす。自然のうちに勉強にも熱が入った。

850　**昼弁当　母に涙の　手を合せ**
　　　　黒板の字を　胸に刻まる

冬になると暖飯器《だんぱんき》が出され、大きな炭火鉢《すみひばち》の上に置かれた金網状の弁当入れ器が今でも懐《なつ》かしく思い出される。午前中の授業が終る頃は、数え唄が鼻からもれる。

851　**十月やー　じゅくじゅくじゅくと　汁が出たー**
　　　　お昼の弁当　汁が出たあー

この匂いがまたたまらなく恋しく味覚とともに懐かしまれる。先生も教室で黒板の前に座り、生徒と一緒に食事をしてくれたものだ。

⑧⑤② 学校は　親の代りに　鞭を振る
教師の心　子等は尊敬

隣の席の住谷想吉君は、お大尽《だいじん》の坊っちゃまでいつも光った銀しゃりの上に、赤いしゃけが泳ぐよう。弁当面《づら》が羨《うら》やましいほど輝いて見えた。「よーし、今に見ていろ、俺だって」他人の弁当に励まされる。楽しい学校昼食には、そんな一齣もあった。

小正月を過ぎた頃の学校の昼食では、乾燥薩摩芋を弁当箱の蓋に入れて「誰《た》あれか餅《もーち》と取っけえねえかー」等と、ふざけっ子の余興《よきょう》が始まる。小学校のいろんな場面で、家庭にあるのと同じような絆が育った。

⑧⑤③ 学び舎も　食事となれば　家庭と同じ
共に味わい　共に喜ぶ

㈢【夕食】

夕餉《ゆうげ》時、腹っぺらしの子供らにとっては何よりも楽しい一時《ひととき》である。夕方五時頃になると母だけが畠から帰り夕餉の支度をする。初夢は風呂桶を洗い風呂釜《ふろがま》にて風呂を炊《た》く。母はさ鉢《はち》でうどんをこねている。こんな時、母はきまって呼びかけた。「この前の読本の厨子王の話はよかったよ。今日はどんな勉強だったのかな」初夢はよろこんですぐに答えた。「今日は南北朝合戦の場だよ。」「楠正成」忠誠の智将、千早城の戦《いくさ》の場の読本を、風呂炊《た》きをしながら声張り上げて、それらしく読んで聞かせた。母はうどんを作りながら、ふんふんと言って頷《うなず》きながら聞いている。実は学校の復習と朗読の勉強をさせられていたのだ。農家には、子供にのんびりと勉強だけをさせておく暇はないので、それとなく自然な形で、指導することが多かった。

㊽㊹ 家庭にて　親が教える　学習は　誉めておだて、自学の力

父が帰る七時頃には風呂が沸《わ》いており、まず膳部が整《ととの》う。家族七人輪になって正座する。楽しき夕餉に皆の顔がほころぶ。大釜には、里芋やら葱やらの入ったおっきり込みうどんが煮立っている。母が皆に盛り分ける。特に腹っぺらしの兄は、おっきり込みは大好きなのだが猫舌《ねこじた》なのだ。腹は空いている、早く腹一杯食べたい。器が次々と盛り返る。釜の中味は少なくなる。茶碗に向かって、涙をためてぶるっと振るい落しながら、はあはあ言って食べている。「そんなに旨くて嬉しいか」、父がからかう。夕食後には、必ず父の身近な話やら最近の出来事やら世間話がある。

家族の絆を強くし、子供らが立派に大きくなって、人の為に正しく生きるための基礎教育が自然な形で爲されているのだ。楽しき夕餉が立派に活用されていたのだ。

⑧⑤⑤ 夕餉時　父の話に　子供等は、今日の反省　明日への力

六、家族の団結（人間の条件の第一歩は家族の絆に始まる）

（一）【家の手伝い】

我が家は農家といえども、一町歩強の小作農である。兄は事業家を目指して修業に出た。家には我ら小学生の妹夏香に松香の三人である。父は胃潰瘍《いかいよう》で数年苦しんだ。父を助ける男手は、初夢一人が、頼りとされた。この時初夢は十二歳、父のどんな手伝いでもして、早く元気になって長生きをしてもらいたかった。初夢の心には、何時も父の苦しみの声が聞こえるようだった。

ある年の九月一日、二百十日の台風で染谷川の堤防が決壊し三反歩《さんたんぶ》なる稲穂の田圃《たんぼ》が流された。昨日までは父母三人でもっこを担いで石や砂利《じゃり》を土手に運び出した。今日の父は病院で苦しんでいる。一人でもっこは担《かつ》げない。初夢は考えて土堤までに、一尺幅の水路を造った。これは加藤清正が、大坂城の石垣に大岩を運ぶのに運河を造って運んだという学校で学んだ話を活用したものだった。もっこに石を入れて水路で運んだら容易に土手まで運ぶことが出来た。何回か繰り返しているうちに、もっこが泥《どろ》の塊《かたま》りとなってすべらなくなった。洗ってみても石を入れると重くて動けない。ここでまた一思案《ひとしあん》加

えた。竹篠をもっこの下側に縦《たて》に組み合わせてみた。竹篠がすべって更に楽に軽く運ぶことが出来た。一人仕事の割には仕事が捗《はかど》った。

㊽56　頭とは　生きてる内に　使うもの　磨いて使えば　世界が光る

叱る時にも誉める時にも父がよく言った台詞《せりふ》であった。

初夢は、土手の秋芝生《あきしば》の上に大の字に寝そべって空を見上げた。夜露がかかり始め、初秋の硬くなった芝生が背を刺激《しげき》して疲《つか》れた身体には凄く気持ちが良い。西の空に一番星の金星が顔をのぞかせた。遠く高い空に、三つ四つと星が煌《きら》めき始めた。北斗七星や銀河系あり、北極と南極を結ぶ線を軸にして地球は自転している。太陽の周りを公転しているのに。太陽に対して何故二十三度三十分の傾きのある軸をつくって回っているのだろう。ハレー彗星《すいせい》は泥《どろ》のついた雪の塊が遊泳しているというが、七十数年の周期で何処を旅しているのだろう。彗星の軌道とはどんな軌道なのだろう。不思議な宇宙に対し脳味噌には謎がいっぱいだった。

北極星や銀河が輝き出すと、不思議な世界の虜《とりこ》にされた。宇宙そのものがビッグバンによって生れたと言うのに、その爆発する物体が無限なる宇宙に存在していたというから不思議でならない。

⑻⑸⑺ 星空は　星雲層が　爆発し
今も活動　宇宙生産

その起爆源なる物体が爆発し、播《ま》き散らされて、太陽のように燃焼しながらやがて定着し、一糸乱れぬ秩序をもって星の宇宙を形成している。この星空の中で星雲層が爆発源の核をもち、今もなお爆発し小さな宇宙を創出しているというのだから不思議に不思議が重なって、全く摩可不思議な話である。

釣瓶落《つるべおと》しの秋の夕暮れとか、明日は天気か夕焼け小焼け、茜の空は瞬《また》く間にとっぷり暮れた。そんな中、想いは宇宙をかけめぐった。

畔路《あぜみち》をリヤカー引いて家路についた。

(二)【父の死】

一年後、父は母に抱かれて「死ねるもんか、死ねねえよ」と言葉を残して旅立った。

「死なない」ではなく「死ねねえ」の悲痛な叫びは、子供ながらも心に響いた。小学校の育ち盛りの金食い盛りの大将三人を置いて、お袋一人に任せてあの世に逝けるものじゃない。「死んでも死に切れない」なんてことが現実にあるのだ。

初夢は十二歳、夏香は八歳、松香は小学校に入学したばかりの六歳だ。三人の育ち盛り金食い盛りの養育に、五十に満たない母の苦労と努力は並大抵のものではない。子供ながらに三兄妹は、母を助けよう、絶対に迷惑かけぬようにしよう自分のことは責任もって自分で行い、余裕をつくって母を手助けしようと、互いに誓って、頑張った。

しかし年長の初夢は余裕をつくるどころじゃない。母からの指図はすさまじかった。あれやこれやと父の代役が飛んで来がちだ。あちらの会議にこちらの寄合い、配給物資は命がけ、母は暗算と胸算用が強かった。配給品には種々あるが、農耕地面積で殆んどが配分された。母は近所の農家の農耕地面積が全て頭にたたき込まれている。少しでも少ないと、その場で訂正させたという。母の替りに、子供の初夢が出席した時も役員は子どもだからと言って、甘い顔をしない。初夢も子供だからと言って、遠慮はしない、母に仕込まれた心意気を持ち、近所の田畑もよく知っていた。珍しく、貴重な、化学肥料の配給だった。役員は東京の震災でトランク一杯お金を儲けて帰ったという今は立派なお役人様だ。「初夢ちゃん家はこれだよ」と配分された袋の目方が、他の家とは比率が違う。母に仕込まれた、胸算用がすかさず働いた。

「おじさん、これじゃあそことここらと、分量が全く違う。計り直してくれ」と突っ込んだ。役員のおじ様達は、言われるままにしていたが、初夢の声を聞き届けた。役員のおじ様は、「間違いはない筈だがな」と言いつつも三割近くも、加増してくれた。

これがまた評判となり、「さすがは七五三香《しめか》さんの子だ。親父が居ないだけに、子供はしっかりするもんだ」などと、誉められた。

子供の心は、ようしもっと頑張るぞと元気がついた。

(三)【台風の見舞いと闘う】

そんな折、台風情報から「大雨洪水警報」が発令された。国分の慶太儀兄《けいた》が姉照香《てるか》と田圃《たんぼ》の土手防護の修復工事に駆けつけてくれた。。南側土手補修は関連田圃の五人組で土を盛って杭を打ち頑固な土手を築き上げた。北側を母と子供の家族と応援の慶太夫婦で頑張った。

今度の台風は二百二十日の台風だから今年最後の台風だ。田を流される苦しい苦い経験はしたくない。兎に角今回だけは簡単な堤防でも一刻《いっとき》を凌げればよいのだ。皆で智恵を絞った。大水が運ぶがらくたが土手に当っても傷つかず受け流すものは何か。

竹篠を組んで川の流れに添って流れるようにすれば良いことに気づいた。土手の川面側へ竹篠を横にして流れに逆らわぬように上まで組んだ。更にもう一ひねり智恵を絞ると堤防が崩れるのは水が冠水して上部から水が溢れることから決壊が始まることに気づいた。

対岸は土でしっかりと築いたが、どう見ても洪水が冠水したらこの北側は、どうにもならないことになる。しかし日が沈みもう時間はない。対岸の堤防より兎に角高い土手にしなければ決壊して流されることは必定だ。そこで気付いた「藁《わら》」だ!。「藁屋根」で家は風雨の浸入を避けている。麦藁《むぎわら》の束《たば》を積み重ね水のかかる面には竹篠を組み合せ水の抵抗を避ける工夫を思いついた。杭も容易に手に入る竹の杭を使って少しでも高い堤防を考えて組上げた。堤防は、水を被って上から溢れたらそれでおしまいだ。水を被るとそこへ水の波が押し寄せて決壊することは今までの被害でよく解っていた。

南側の堤防組みは、各田圃の代表で屈強な親父連中である。一行の作業が完了して帰り際に慰めてくれた。「今度の台風は大型らしい、頑張って下さい」、「ありがとうございます」子供心にとっては大変ありがたく精一杯の挨拶を交わした。みすぼらしい藁の堤防へのお情けの声援だった。藁だって一時の水の防護と水面の高さを防げれば良しとして、南側の堤防より高さを一尺ほど高く組み上げ、川面と反対側の田圃側に土嚢《どのう》を積んで、終了した。夕食を終った頃、雨足は強烈となり強風と共に暴風雨と化した。夜半の二時頃には染谷川は氾濫し、家の前の道路まで水が溢れるほどになった。初夢は堤防の状態を雨中を突いて見張りに出た。川沿いの道路は氾濫しいつもの道は通行不能である。後方の高台から学校側の道路を通り、遠回りして一キロほどを過して田圃の上の我が家の高台の畑よりきらきら光る今にも溢れんとする濁流の川面を見つめ、雨よもう止んでくれと祈るばかりであった。西山の方から流れ来る染谷川は不気味な姿で凄い豪音を立て、押し寄せてくる。堤防の三十メートル川上には、東国分部落の排水路である一メートル幅の一・五メートル深さのコンクリート水路が溢れんばかりの勢いで染谷川に直角に注ぎ込まれ川の本流とぶつかって、水勢が盛り上がって踊って見える。

二時を過ぎ三時を回ったと思う頃激しい轟音とともに、盛り上がって踊っていた水面が一変した。満杯となって激流渦巻く染谷川のきらめく水面の光が消えた。

南側の堤防が決壊しその一面が白い鏡のように広がって水路が出来た。水は南に流れたのだ。轟々と堤防を決壊して南方に流れ走る水流を見て、初夢は思わず歓喜の声を上げた。けっして他人の不幸を歓ぶわけではないが、南側へ流れなければ北側の我が田圃が流される処だったのだ。

初夢は小踊りして喜んだ。早急に家に帰り母にその旨を知らせた。姉夫婦妹たちも手をとり合って喜んだ。こんな嬉しく喜ばしく感ずることに滅多に逢えるものじゃない。勝ち誇った勇者の気持ちといったところである。

今回は田圃の砂利出しもなく、米も豊富に収穫出来た。台風により、さんざん苦労をしているだけにこの感激はひとしおである。

⑻⑸⑻ 土手築き　田圃を救った　喜びは、百萬両の　宝に勝る

しかし今後、台風が、我が身にふりかかることを憂いて、小学生ながらも、前橋市の河川土木課へ「河川防護工事」の請願に出頭した。子どもが一人で行った処でどうにかなるというものではないことは解っている。しかし田圃を流された人達の悲痛な叫びは伝えなければならない。聞き届けてはもらえないだろうが「ひょっとしたら」と言う思いで請願した。村役場からの力添えもあって、やがて金網に大きな

石が詰まった籠の堤防が築かれた。その後は南側も北側も洪水の難儀を免れることとなった。南側の人達からも感謝の言葉を受けた。一人の親父のいない小学生の直訴をはじめは、突飛な少年の言動と笑いながら聞いていた役人たちではあったが結果として改修に力を貸して呉れたお役人こそ、子どもの意見を取り入れてくれた立派な方達であると思い感謝した。

⑧⑤⑨　生き様は　異なるなれど　それ故に
心の通う　事のあるらん

七、子供の火遊び

「火の用心　気の付く処に　火はつかぬ」

曇り空のうすら寒い冬の日曜日の出来事である。父と仕事で前橋に向かって走っていた。県道に出ると、前橋市内に入る利根川までの三キロは榛名山の裾野で一直線の下りの坂道である。県道は直径二センチほどの玉砂利で舗装《ほそう》された道路である。父は自転車で初夢の乗っているリヤカーを引いて走っていた。五百メートル位走った頃、ふと斜左方向に目が走った。我が家と並ぶ妙見神社辺りから黒煙が、もくもくと空を覆うように立上っている。自分の家が燃えているのだろうか、父に大声で「火事だー火事だー」と叫んだ。父は急ブレーキをかけて叫んだ。

「初夢、後は任せたぞー」と言うや否や、自転車に乗って走り去った。初夢もリヤカーを道路脇の堀に押し込んで駆け出した。近づくに連れて火事の黒煙が頭上を覆う。いくら駆けても足の遅いこと、胸は早鐘を打つ如くわなわなと震えている。何分か走ったのに何時間も走った感じで心は勢《いきお》った。まるで蒟蒻《こんにゃく》の木登りのように震え上がった。お寺の坊さんは鐘楼《しょうろう》の釣り鐘を、お経を唱えながら片肌脱いで打ち鳴らし続けている。空を履った黒煙が火の粉を混ぜて身に降りかかった。

黒煙と釣り鐘の音と半鐘の早打ち、ぢゃんぢゃん〳〵の連続音が共鳴し、火事場を取り巻く人々の声が入り交じり火災とともに阿鼻叫喚《あびきょうかん》の巷《ちまた》である。火事は、我が家の前隣りで火の粉は我が家にも降りかかっている。父や母は、火事場の応援で家財道具の運び出しを手伝っている。初夢は我が家の屋根に梯子をかけて、桶や盥《たらい》に水を張り馬穴を持って大きな火の粉は水をかけ、箒を濡らして、火の粉を消した。ぎっとんばっとん手押しの消防ポンプが五台並んで消火に当たった。二時間ほどで黒煙は蒸気の白煙と変わり半鐘の音も、かーん、かーんと沈火を告げ、釣り鐘の音も知らぬ間になくなっていた。

昔から「地震、雷、火事、親父」と言って怖いものはこの四つとされていた。

しかしここは上州、国定忠治の出た処、やくざとは、おいちょかぶで八と九と三を加えて二十のぶっつり「ぶた」となり、零《ぜろ》を意味した。

⑳860 火事よりも　更に怖きは　八九三《やくざ》なり
火事は田地を　残してくれる

この火事の火元は、小学校三年生の武志君が、メンコの遊び道具を二階の物置きから持ち出して遊びに出た際、蝋燭《ろうそく》を物置きに立てたままにしてしまい、それが燃え広がったとのことである。火遊びでなく、ちょっとした不注意による事故であった。

（道祖神祭りの火遊びによる火事）

田舎では、正月飾りを一月七日～十三日に飾り替えをしていた。小正月の十四日に纏めて神飾りを焼く道祖神のどんど焼きとして、人家の少ない村外れの辻等道祖神のある処で集って祝いながら焼き捨てていた。各町村毎にエスカレートして竹を組み合せて竹の塔を造り、天辺《てっぺん》には子供達の書き初めの幡《のぼ》りを多々ひらめかせた見事なものもあった。一階の小屋の中で子供達が道祖神祭りを行う習慣があった。これを十四日の早朝に焼きつくし、護摩を焚く一巻とした。その火で神棚に吊るしたするめを焼いたり、供え餅を焼いたり、繭玉だんごを焼いたりして食べると健康になり、また書道なども上達するといわれていた。

この道祖神祭りの後が悪かった。子供達は、この道祖神のどんど焼を、大人子供が一諸になって火遊びをするというものと勘違いして、子供達だけでも平気で火遊びする風習に変わっていった。

それ故、小正月の道祖神後にはあちこちで野火騒ぎや火事騒ぎがつきものとなった。

その後、落ち葉焚きを含み、子供の火の取扱いについては厳しいお触れが出た。

861 火事の二字　炎の悪魔の　代名詞
過ちなどとの　弁解はなし

862 火の用心　気の付く処に　火はつかぬ
子供の火遊び　大人の躾

八、恋の道
（幼な心にも恋の芽生《めば》え）

863 男女には　七歳にして　席分つ
成人前の　過《あやま》ち防止

人生はとかく色と欲に染まる。

人間は全て「子孫の繁殖と繁栄」の基盤の下に誕生し生存している。これを正しく生きることが人間の条件である。

⑧⑥④　人生の　もめごと全て　色と慾
徳を修めて　常識活かす

人間は生まれながらにして愛や恋を求める。

物への愛、心の愛、異性への愛等々さまざまあるが、特に心の中でだけの恋はプラトニックラブともいうが、これが熟した異性への愛こそは天が人間に与えた子孫繁殖、繁栄とすべき使命を帯びた愛なのである。これを正しく果たすことが人間の爲すべき第一条件である。この愛や恋が年を重ねるに従って、人生のステージ段階に相応《ふさわ》しい愛や恋が湧き出し、愛・恋の道へと強烈に躍動する。身体は心と共に善い意味での発達・発展をする。

よちよち歩きの女の子が、きれいな人形と汚《きた》ない人形を見分けてきれいなものに手を伸ばす。初夢も五歳頃から近所の女の子満留《みつる》に心を惹かれていた。皆で遊ぶ時にも出来るだけ近づいて、それとなく仲良しになろうとした。小学一年生の終業式の思い出は、今でも記憶をに新しい。優等生総代で修了証書を頂いた時であった。式終了後、綺麗《きれい》なお姉さんが「初夢ちゃん、おめでとう」と手を握ってくれた。稲荷台の伯父さん家の梅乃様だった。親類会の集いの時など、何となく側に近づきたい衝動に駆《か》られた人であった。確か、五歳位年上と思った。小学一年生でも一寸したことに心がときめいた。

「男女七歳にして席を同じうする勿れ」は、リアルなる教訓である。小学校五、六年から中学ぐらいの年頃ともなれば、女性には月のものが始まり、男性は、あちこちが毛深くなって来る。

⑻⑹⑸ **雛《ひな》っ子も　十三ぱっかり　毛十六**
心も身体も　萌え出ずるかな

⑻⑹⑹ **年頃か　心育ちし　我が娘**
床《とこ》を抜け出し　鈴虫の声

男女の触れ合い、逢引《あいび》きの場は沢山《たくさん》あった。あったというよりは、若い男女が知恵をしぼってその場をつくったものだった。だから親の目を盗んで、逢瀬を重ねた。

（一）**【祭り】**

⑻⑹⑺ **お祭りは　老若男女の　睦《むつ》み合い**
チャンチキおけさで　千々に乱れん

「祭り半纏《はんてん》、腰紐流し、褌《ふんどし》、白足袋《しろたび》履きこなし、祭りの団扇《うちは》を背中にさして、一杯ひっかけ御輿《みこし》を担《かつ》ぎゃ、何を言ってもどんひゃらら！　何をされても、ぴいひゃらら、わっしょい、わっしょい、そーれそれそれ、お祭りだあー！」これが日本人質気《かたぎ》というのか、気心よしのお人良《ひとよ》しと、お祭りは本当に心の底までわくわくした。人間誰しもが、お祭り騒ぎで打ち解け合い、皆ではしゃぐという尊い心をもっている。人生には色恋から離れても、楽しい情景や、芸術心をくすぐるもの、体を動かすと奥は深いし、喜びなど、たくさんの幸せがある。

868 人生を祭りの心で　跳ね回り
皆が楽しく　我も楽しく

母や姉妹の喜ぶ顔に、何で跳《は》ねずに居られよか

869 人生は　何時でも何處でも　助け合い
心分かちて　共に幸せ

お祭の心で助け合い信じ合い、喜び合って楽しい社会が築かれよう。祭りには見物《みもの》もまた多く雰囲気に酔いしれ男女の心は踊る。わっしょいわっしょい、若いカップル誕生だ。見物席の二人の男女、いつの間にか手を握り、御輿は彼方の上の空、土手の二人の御腰は軽い。

山側隣りの金古村の盆踊りに、整ちゃん吟ちゃん正ちゃん仂さん英《ひで》やん等、いつものメンバーで出かけた。朴歯《ほおば》の高下駄ハモニカ吹いて、馬鹿げた話に花を咲かせて、踊りの櫓《やぐら》に着くまでがまた楽しい道中だ。盆踊りの唄に合せて前の人の身振り手振りに合せて一周りもすれば、踊りがすっかり身について調子をつけて踊っていたら、同級生の文香さんから声かけられた。踊り場外れの見物枠から少し離れた神社の裏手、学校では口もきけなかったあこがれの貴婦人との話合いの場が出来た。

客の数もまばらになり、文香さんは姉の処へ戻り、初夢も仲間を集めて帰宅した。

⑻⑺⓪ 盆踊り　男も女も　心が踊る
硬いベールも　太鼓に乱れ

(二)【映画観賞・娯楽のひとこま】
盆や正月、農閑期の休みの日はきちょうな娯楽の日である。

父は言う「金を使って映画を観るんだ。必ず一つは何かを学んでこい。よいものを掴んでこい。ああ面白かったでは、泥鰌《どじょう》の喧嘩ですまない話だ」と。泥鰌《どじょう》が喧嘩をすると水が濁《にご》って澄まない水となる。

いつもの仲間と、前橋の松竹映画館で映画を観た。座席は満員で立見席もぎっしりと満員だ。背伸びをしたり、前の人を掻き分けて観る始末である。更に後から詰め込まれ、足の踏み場にも困るくらいだ。

隣りの女の子の手が触れる。触れた手と手がもじもじしているうちに、どちらからともなく、二人とも手を握り合っていた。それとなく顔を覗く、こんな綺麗《きれい》な、こんな良い娘がと、心は踊った。手をぎゅっと強く握った。相手も素直に握り返してくれた。胸は早鐘打つが如くにときめいた。この瞬間にブザーが鳴って、映画一巻の終りとなった。心にしこりを残しつつ、仲間とともに家路についた。今日の映画は何も学べず何も掴めず、唯優しい手の感触が残っただけだった。家に帰れどそれとなく、父を避けるように振る舞うような始末だった。

人生には、ベターハーフと出会うまで色んな場所が用意されている。人皆、異性を求める時には異性吸引の脳波が駆けめぐる。男女が近づくと、男性には女性を吸引する男姓N波が、発生し、女姓には男性を吸引するS波が発生する。独身・独心故にこの脳波、神経が活発化する。子孫繁殖の根源となる力は、寸隙を縫って湧出し、発達しているものである。

九、「人間の条件」人生の繁殖、繁栄の実践は結婚に始まる。

(一)【見合と結婚】

初夢は見合いによって結婚した。当時は、見合い七分、恋愛三分の現状であった。

人は素直に異性を愛する仕組みになっている。初夢のベターハーフは媒酌人が勧めた見合いで決まり善き伴侶《はんりょ》として人生最愛の人となし、「人間の条件」を築き上げた。

初夢はある日職場の人事課長に召されて、見合いを進められた。

「人を判断する人事の課長様のお世話です。私のような素人が見合いしなくても、課長様を信頼した方が良いかと思うので、私は見合いしなくても承諾致します」と返事をした。

途端に一喝を食《く》らった。「馬鹿野郎、今まで独身で二十年も自分を磨いたのは何のためだと思ってるんだ、人生を共に築くための善き伴侶《はんりょ》を掴むことだろう。俺はお前に、異性を見出す場をつくっただけだ。これからが人間としての幸・不幸の道を見極める一生に一度の大事な場所だ、己の決断なくして、人生は進めるものではない」と。

見合いの場所は相手方の家だった。応対の役はほとんど義姉がつとめてくれた。本人は途中からお茶を運んできた。

「初めまして」の挨拶が終った。顔を上げた時には、本人のスカート下の健康そうな、脹《ふく》ら脛《はぎ》が脳裏に焼きついた。よく父が言っていた言葉を思い出した。「一に体で二に性格、三に頭で四に器量」

㊇㊆㊀ 嫁えらび　身体に性格　三智能
器量はほどほど　達者《たっしゃ》が宝《たから》

帰りの列車ですかさず課長が声をかけた「どうだった」、「顔を上げたら後姿の見事な脹《ふく》ら脛《はぎ》が見えて印象的だった」と正直に答えた。

家は立派な宮造り、柱は朱塗りの一尺角柱《かくばしら》で、玄関上がると二十畳敷の大広間、天井は二階までのふき通し、三階が二階となって、二階の高さは豪雪に備えての明り窓、大雪の時は二階から外に出る仕組みの建築である。

課長は、したり顔で笑って「初めての経験なんだ、まあいいさ、ところでいいんだな」と、念を押してきた。人事の課長だけに抜け目はないなと思いつつ、「はい、いいですよ」と即答した。

十一月三日文化の日に電光石火の勢いで、同月二十三日勤労感謝の日が結納の儀式と決まった。ようやく結納で二人だけでゆっくり顔合わせの話が出来た。

自慢話ではないが、兎に角、越後縮《えちごちぢみ》に雪の肌とでも言おうか、色白の器量良《よ》しだ。性格も優しさが溢《あふ》れる感じで、素晴らしい見合いで素晴らしい伴侶に出会えた今日の日は、結納感謝の日となり、二人の世界の出発点となった。

「一に身体で二に性格、三に頭で四に器量」父の嫁えらびの一家言が思い返されたが、初夢には一も二もなく全てが兼ね備わっており、心は舞った。

初夢は未だ大学二年の学生であった。卒業して結婚するまでには二年ほどの猶予があった。この頃たまたま『長すぎた春』なんていう映画がはやって、何となく心が騒ぐ時代であった。結納交わした妻がいるのだと頭では分かっているが。数十億の人間社会、右を向いても左を見ても、男と女のたった二種、これらが全て子孫繁殖の煩悩と絡み合って生きる。

初夢も結納済みの節度はあるものの、周囲の娘は番茶も出花の年頃である。時と場合によっては、女性からの強い誘惑があまれば、話し相手程度の恋愛もどきの交際なら余儀無いことでもなかった。「初恋はカルピスの味」ではないが、結納さえしていなかったら、と後悔の念に駆《か》られたこともあった。

だがしかし結納をしていたからこそ、梅香との今の幸せな人生が築かれたのだと思うと、「結婚」という二人の世界をつくった「儀式」の厳粛さに心から感謝した。「人間の条件」の基盤となる「子孫繁殖、繁栄」を伴侶とともに大黒柱として守り抜くことこそが、己を幸せにする基本であると深く感銘した。

大学を三月に卒業して、工学士の免状を梅香に見てもらった。媒酌人の課長は即座に結婚式をその年の四月十日に決定した。全く仲人のワンマン舞台の進行である。初夢の母、七五三香《しめか》も、慌《あわ》てふためきながらも、子供を心配してくれる仲人には感謝をしつつ、喜んで準備をしてくれた。結婚式は両家が、遠方同士なので、新潟湯沢の和泉屋《いずみや》（梅香の家の屋号）と群馬の初夢の家との二箇所ですることになった。ところが結婚式は十日延びて四月の二十日に変更された。花嫁の都合との事だった。仲人のワンマンの鼻っ柱が少し低くなった。嫁貰い方の二回目の式場、群馬での結婚式は、母、七五三香の大奮発《ふんぱつ》により盛大に行われた。本家を含む六親等内の身内や近所の人は夕刻《ゆうこく》を本番とし、東京の友人や会社の人々は昼間からと、盛大に催しが続いた。

初夢も世界は二人の人生になったりと、調子に乗って飲みすぎて、間脳、小脳、大脳までが酔いつぶれぐっすり寝込んだ初の夜、朝方やっと目が覚めた。枕許《まくらもと》には誰か居る。花嫁梅香が枕許に正座の姿で控えていた。「夕《ゆうべ》は結婚式の初夜だった」こんなとぼけた旦那だが「宜しく頼む」と口にこそ出さぬが心で誓った。梅香はにっこり微笑《ほほえ》んで、無事に初夜を済ませた振《ふ》りをして、よそよそしく振舞っていた。妻の気立ての優《やさ》しさを咬みしめた一こまであった。

（二）【新婚旅行】

872 初夜明けて　越せる新居は　高崎の　商店街の　中心御座所

宗一様は、「親父は平三《へいざ》、悴も平座《へいざ》の暢気《のんき》候《そうろう》宗一」と綽名《あだな》されるほど何事にも屈託なく、天下は我がものといった態度の人だが、父のいない苦しい我が家に、一番力を貸してくれた人で初夢も頼りにしていた。もっとも弟の昌一様には、初夢の優等生の賞のついた読本を譲っていたこともある。

「引っ越しは儂《わし》らに任せて、ゆっくりと来て下さい」と、第一回の引越荷物と一緒に高崎の新居に運んでもらった。そのまま、新婚旅行の途についた。旅先は、吾妻渓谷《あがつまけいこく》は、川原湯温泉郷の柏屋旅館であった。旅館に着いて柏屋の浴衣《ゆかた》に着替え、旅館の案内で渓谷《けいこく》見物と土産物屋の散策に出た。

⑻⑺⑶ あそこにも　こゝにも桜　渓谷に
吾が妻清し　新婚の旅

「渓谷は、桜前線　今盛ん」

渓谷に降りてみると下手《しもて》には深く碧《あお》い淀みに心が洗われるようと思いきや、上手《かみて》には白い水飛沫《しぶき》が上がり見事に墨絵の世界を醸《かも》し出している。墨色の中に桜の花が一際目立って咲き誇る。桜の花が二人の世界を愛《め》でているようである、梅香にもこの渓谷《けいこく》に咲く桜のように逞しくあって欲しいと願った。春が来れば、見事に咲き誇る桜の心をと願った。そこはまさしく子孫繁殖の条件を象徴したような光景であった。河原湯郷では老舗《しにせ》の土産店にて仲人や知人への土産物を整えた。一際目立つ女店員が近づいてくると「何泊の旅行ですか」と尋ねてきた。「姉と二人で一泊の遊び見物さ」とちょっとふざけてみた。信じたかどうかはわからないがすかさず、「この土産物もおいしいですよ」と言って二、三の試食品を出してきた。旅館に帰った。梅香は入浴に出かけた。初夢も出掛けようと炬燵《こたつ》を立とうとした時に、先ほどの土産物屋のお姉さんが土産物を届けにきた。「先ほどはどうもありがと」「お姉さんは？」「うん風呂に行ったよ」、「うー寒っ一寸おこたに入れさせて」と、炬燵に入ると即座に「お姉さんと二人じゃもったいないねえ」と言いながら、布団の中で私の手を握ってきた。私も唆《そそのか》されれば、気持を抑えてはいたがついその手をぎゅっと握りかえしてしまった。その刹那《せつな》、番頭様が布団を敷きにきてくれた。お姉さんは、即座に土産物を片隅に揃《そろ》えて「それでは、ここへ置きますよ」と何ごともなかったように退散した。その後初夢も川原湯の渓谷の見える風呂で寛いだ。男なんて女を前にするとなんとも弱い動物だ。大事を前にして目先が見えなくなるものだ。一人前の成人になる勉強もしてきたのになんたるこの様《ざま》だ。

「しっかりせよ」と深く反省するとともに誘惑の恐さをつくづくと感じた。

夕食は座敷の膳部で二の膳付きの豪華なものだったが、途中までは給仕が控えて居たが気を効かせてか、途中で退散した。しみじみとここに至るまでの忙しさを思い出した。、湯沢と群馬の合せて二回の祝儀だった。続いて引っ越し、新婚旅行と目紛《めまぐる》しい一週間だった。二年前に婚約してから、長すぎた春とは知りつつも、二人の床入りは一度もなかった。結婚式の初夜でさえ契りは全く無しだった。

柏の旅館で、二人で三・三・九度の盃を交わしてようやくにして本当の初夜の褥《しとね》についた。

朝風呂で見る渓谷の桜は、朝日に眩《まぶ》しく輝いて、その気品は美しく心に響いた。

新婚旅行は、人生の幸せへの絆となる。

(874)　結婚の　契り尊し　人生の
永遠《とは》の幸をぞ　築く絆ぞ

結婚をした以上、欲望があろうとも、心乱されてはならない。

⑻⑺⑸ **不倫して　一時はそれに　ひかれても**
本木に優る　末木なしなり

新婚旅行を終えて、これから苦娑婆の人生航路へと出帆する。

⑻⑺⑹ **人生は、登り坂あり　下りあり**
まさかの坂が　生命《いのち》取りなり

十、発明をめぐって

⑻⑺⑺ **発明心　赤子の時から　活動し**
知識で創意し　宇宙を啓く

人は全て、弱肉強食の世に生れ、また多くの煩悩を備え持っている。幼児も幼児なりに智恵が授かると自分なりに取り入れて自分のものとして咀嚼《そしゃく》している。また小学校の義務教育の頃になれば更に身体の発育エネルギーと共に活動力が稼動し始める。善いこと、悪いことちょっとしたことに好奇心を持つ、逞しさが漲《みなぎ》ってくる。智恵もつければ、悪智恵も働く。善悪の見境《みさかい》もなく好奇心が先に立ち暴挙に出ることもある。人間にはとにかく、珍しき物への好奇心に駆られる素因がある。

初夢は、小学校時代から、遊びと家事の手伝いを五分、勉強を五分の少年時代を過ごした。夕食づくりに鍋に湯を沸かしていた時、鍋の底の方から、ぷくりぷくりと、気泡が湧き出してくるのが不思議でならなかった。何故お湯の下側の底から空気の泡が吹き出すのだ。吹き出して来る気泡はこれは何なんだ!。と。水は百度で泡が出るが、油は二百度にもならないと気泡は出ないようだ。油でも水でも出て来る気泡は同じなのか、不思議でならなかった。

(二)【大型ソレノイド・リニア・カーの考案】

国鉄学士として採用された当初の事である。

変電所機器防護のために特高圧機器設備の変電所入口には、全高三メートルの二メートル碍陶《がいとう》管が避雷器として設置されている。この避雷器に落雷があった場合には、落雷電流を測定する磁鋼片（炭素金属合片にて電流を磁化力として検知する）が設置されており、その磁化力を電流に変換して落雷電流を測るのが雷電流測定器である。測定器に電源を入れると径二十ミリ、長さ五十ミリの磁鋼片は測定器のソレノイド管中に急速に進入する。この原理を活用した、大型ソレノイドによる「リニア・トラムカー」の論文を書いた。現在の電車がモーターの力で車輪を回転させ、レールを引掻《ひっか》いて走るもので速度が摩擦の関連で三百五十キロメートル／hが限度であることに注目したものだった。

論文は、直径が五メートルほどの、大型ソレノイドコイルを造り、それに電流を流せば、コイルの中にN極―S極の磁極が発生し、電車はN極からS極に向かって突っ走る。という構想である。『そんな馬鹿げた、空想を考えるより現実的な仕事に力を入れてくれ』とその時は一蹴された。

現在の中央線に計画され、試験運転中の時速五百キロで走行するリニア・モーターカーが計画される十年も前の出来事であった。

(二)【電車用トロリー線架線試験車の発明】

⑱ 必要は 発明の母 智恵絞り 人を助けて 喜びに湧く

電車が走行するには、車輪を動かすモーターに電気を送らねばならない。電車に積載しているモーターに電気を常に送るためには、線路上の上部架線に電流を流し、そのトロリー線から集電し、パンタグラフを介して電車モーターを稼動されなければならない。

線路上に張り巡《めぐ》らされた架線トロリー線は電車に取りついた電力集電用パンタグラフ装置と摺り合せ、摩擦やアークを含みながら集電するものである。従って一トン以上の張力で張られているトロリー線（直径十二・三四ミリ円形硬銅）は、常に摩耗して断線する危険な状態に曝されている。

架線トロリー線は、直線では五十メートルスパン間隔で建植の電柱に懸架し、吊架線により五メートル間隔で直線状に架設されている。この架線が摺動《しょうどう》摩耗し切断事故を惹起《じゃっき》しないために残存直径七・五ミリメートルを限度として、常にマイクロメーターによって手測定での保全管理をしている。測定は線路上五メートルの高さの測定故、七メートル梯子をかけて測定する。また、田端～田町間四線併列線路などの危険な測定の場合は、梯子二組の合せ梯子をかけて測定する。四線重複の並列線路の危険は、電車通過の間合を縫って見張りを含め七人の班編成で測定する。この作業による事故は続出していた。

またこの作業に動員される人口は、全国では莫大な人数となる。

また測定対象箇所は、柱の支持点と、経間中央の三点の測定であって、その他箇所は測定なしというのが現状である。偏摩耗による断線事故を防止するため、摩耗限度より太いうちに早めに取り替え作業を実施するため相当不経済であった。

そこで考えた。残存直径を電車をかわしながら梯子をかけて、測定するような危険を避けるにはどうすれば良いのかと。

トロリー線断面は円形である。摺動《しょうどう》摩耗した残存直径をマイクロメーターで点測定せずとも、摺動して摩滅する摩耗面の幅を測定すれば円形故に、摺動面と残存高さの相函数により取替限度が決定出来る相関函数表をつくり上げた。そして感圧焼付けが可能な今日、摺動により点測定を連続して行い、電車にて全線を走行しながら測定出来る理論を論文化して早速開発に取り組んだ。

当時の神田の電器店で、一MΩの碍子《がいし》形抵抗と超薄形銅材と薄形マイカ絶縁機（ベークライトも検討）を購入し、銅板と絶縁材を交互に組み合わせ横幅三十センチのパンタグラフ摺盤《せんばん》と同様の測定パンタグラフを作成した。もちろん三十センチに二百組の抵抗銅板・マイカ絶縁を組合せた。これを上司に承認してもらい、実験に入った。

直流千五百ボルトに1MΩの抵抗で、感圧紙には〇・一五アンペアの電流が焼きついて記録されるはずである。

十二・三四ミリの直径がxミリ摩耗していればβ／xの摩耗幅がそれなりに感圧紙に焼付幅となって記録される仕組である。

しかしマイカ絶縁が隣接間の千五百ボルトにの電圧対し絶縁破壊しないか、また一MΩの碍子抵抗器がGE（グランドアース）に対し絶縁破壊しないか、の杞憂《きゆう》は、あったが、絶縁は完全であり計算上に問題はなく自信はあった。ただし、二重の防護策として、架線からヒューズを介した仮設受電部を造り安全の徹底を図った。

受電し実験に入ったが、上司の姿は見えなかった。

連続摺動測定の実験を試みた。摩耗七ミリのもの、五ミリのもの、三ミリのもの等を測定した。見事に感圧紙に、連続的な測定結果が写し出された。「爲せば成る」の古人の教えが、身体中をふるわせた。

何の危険もなく、作業量の負担も軽く低人数でできるという大いなる発明が生まれた瞬間だった。現地で助成してくれた十数名の職員は一斉に、万歳の三唱だ。

上司に成果を報告した。その後上司からは早速局や本社上層部への報告書の提示を求められた。

このメリットは大きかった。（1）危険な電車運転時間中の現場作業の解消、（2）摺動測定により連続面測定が出来る。（3）偏《へん》摩耗箇所の測定が可能となり断線事故が解消出来る。（4）最高摩耗ヶ所が決定され経済的効果が大となる。（5）数万人規模の大幅な人員合理化が可能となる。（これは予期せぬことであった）

人を助け喜ばせる発明が「合理化」という時代の波に乗せられたのである。組合側から大きな反発を受けた。

879　人助け　した発明が　合理化の
破乱の波に　巻き込まれし我

やがて本発明は、昭和三十九年の東京オリンピックに合わせて開業した東海道新幹線を安全運転に導びく架線試験車となったのだ。

そして現在、架線トロリー線試験車なくしては、あらゆる電車が稼動出来ない。今でもトロリー試験車は全国で意気揚揚として活躍を続けている。

この開発をめぐっては、東大のカッパーロケットの権威、丹羽博士や、慶応大学教授陣、国鉄技研・技師の開発援助を受けている。

(三)【携帯用人工呼吸器の発明と開発】

職業関連上、六十歳以上の我々は、心肺停止復活に関する、消防署の実践訓練を受けた。ソフトビニール製のを使用とした実動訓練である。人形を平地に仰向けにし正しい姿勢にして気道を確保し、這いつくばって口から、患者の口にビニールを当てて息を吹き込むのである。しかし肺活量の少ない老人はその姿勢をとっただけで肺活量が減少するため、人形に吹き込める空気の量は三割程度である。しかも人形だから吹き込んだ空気が肺に入るが実際の人間であれば、舌根が沈下して、気道が塞がれている場合もあり、とても人形のように息を吹き込むことは難しいのである。また異臭あり違和感があり実践には躊躇してしまう。しかもまた瓦礫の下や破損した自動車内の人を即座に運び出しこれを施すわけにはいかない。

救急車を要請しても、各種障害があり五分以内の到着は困難であるという。ドリンカー曲線の指導によれば、心肺停止から正常復帰は五分以内が限度という。

現在の救命救急を誹謗《ひぼう》する訳ではないが正常な姿勢に出来る患者のみとしても一回や二回の訓練者が、また素人が、這いつくばって気道を確保し口から口へ空気を吹き込むなどということは至難の技である。

一時の気休めのような訓練で一刻を争う人命救助に対処できるのかと思うと、もっと何かある筈だと言う「有法子《ゆうはーず》」の精神が燃え上がった。

（有法子とは、中国のことばで例えば、断崖《だんがい》に突き落された時、未だ何か生きる術《すべ》はあると信じて生命を掴みとる意志のことである）

【有法子とは】

⑧⑧⓪ 断崖に　落され生命《いのち》の　崖掴み　這い上がりたる　人生光る

ガソリンスタンドで給油の時、大型タンクローリーが脇で、補給を開始した。直径二百ミリのフレキシブル蛇腹管が波を打ってスタンド地下の油槽に、油を注ぎ込む姿は、スタンドがこの油で活気づくかのようで感動をおぼえた。「そうだこれだ！」と思った。人工呼吸の際に人間用蛇腹管を使用すれば、容易に給気が可能になる筈だ。早速、携帯用人工呼吸器を設計し仕様書を作成した。近くの佐藤ポリエチレン加工の社長に説明し製作に入った。

やがて「ラッキーマウス」（幸せを運ぶ唇）として「登録商標」を得た。何時でも、何処でも、誰でも、容易に操作し簡単に使用することが出来る。またこの蛇腹ホースは瓦礫の下へでも、破損した自動車の中のけが人でも、蛇腹の携ぎたしで到達出来るような仕組みとなっている。全国発明展入賞、千葉県知事賞受賞、東京都知事からは東京都内販売承認も取得した。またこの「ラッキーマウス」は、二つの利点がある。喉にビー玉、餅などの異物がつまった場合には、これを容易に吸い出すことも出来、まさしくラッキーアイテムである。老人等一人の場合でも操作が簡単で容易なため楽に使用できる。しかしながら、立派な発明と自我自賛しているだけでは、全国に根を張り商売している先輩のライバルによる販売競争には到底太刀打ちできるものではなく、我が依頼せし問屋は、意気消沈の状態であり現実の厳しさを知る。私に資産があるならば、大いなる小欲をかいて、皆様に無償ででも配布をして急患を救ってやりたい衝動に駆られている。

【かくして「人間の条件」が発揮出来れば本望なりとするは、我が心の自慰であろうか？】

(四) その他の発明

【家庭用地震感震器】

コンセント挿入型で二十センチ程度のサイズであり、震度の大・小により各箇所毎の停電が可能である。

特許申請中。

【水道力活用　発電装置】等々あり。

（五）発明への道は遠くつらいものであるが、「人間の条件＝子孫繁殖、繁栄」を図るべき人々を助け合える近道でもある。

【世界中の人々はこの世に生誕した以上、人間の条件・憲章による子孫の繁殖・繁栄なる使命をまっとうする義務がある。】

【世界の人々が「人間の条件」を自覚して行動すれば、人類一丸となっての和を築き、お互いに助け合う美しい世界が生まれる】

㉘881

人々が　人間条件　自覚すりゃ
世界の人類　団結繁栄

854

「家族の生き様に学ぶ」

家庭にて親が教える学習は
誉めておだてて自学の力

869

「いつでもお祭りの心をもって助け合い、喜び合おう」

人生は何時でも何処でも
助け合い心分ちて共に幸せ

第十三章　結び

㊷882 人間として　生き抜く心に　極意あり
人類繁殖・繁栄に盡《じん》（盡《じん》＝限りを尽くす）

一．人間の使命は「**人類の繁殖・繁栄**」にある。しかるに人類は何人《なんぴと》も毀傷《きしょう》してはならない。人間相互が殺傷し合う罪悪極まりない戦争は絶対に回避すべきである。いかなる理由があろうとも「戦争を企図《きと》するもの」は、いかなる地域でも、人類の支配・指導権を持するべきではない。

人間相互は、お互いがお互いを信じ合い助け合い、そして喜び合える社会をつくり、団結し、一体感の幸せを傍受しうる世づくりに尽力しなければならない。

二．人間「**単身**」による誕生の使命は、己を築き、相互を愛し助け合う、人類発展を築くにある。

三．人間「**独心**」による誕生の使命は、己を制御するのは我が心であるということを自覚し人類相互の心を信じ合い、人間愛、延いては人類愛の精神を養うにあり。

四．「子孫の繁栄」子無しの苦労

⑻883

子はなくも　人間全て　それなりに
人類発展　貢献してる

長いこと子宝に恵まれない夫婦が、子どもの誕生を願うということは、せつなくも苦しいものである。ましてや家系の存続を担う夫婦は、人工授精等の最新医術に縋り付いてでも子孫の繁殖・繁栄を願うのは当然であるが、こころが痛む。

⑻884

養子娶《と》り　子孫育《はぐく》む　親心
人間条件　有難き哉

⑻885

子はなくも　世の繁栄を　図るなば
人間条件　成功の人

五. 身・心の「性転換」の人にもこころは痛む
ハーフの人々も立派な人間の条件に活きている。

⑻⑻⑹ 進化して　両性もいて　ハーフいる
性転換の　技能に拍車

六．身傷者は人間条件の最前線、誰にも傷害の要因はある。

誰でもお産のときの母親の心は、とにかく五体満足を願っている。而し不幸にして、身傷者として生れる人も数多い。また養育中に、傷害を受ける人も数多い。而し親子の絆はこれを超越して、活き抜いている。

（一）中村久子女史は、二才にて両足切断という難病と斗い、達磨姿で偉人となる努力をし芸術家となった。達磨姿の娘を一人立ちさせる親の努力、この母子の絆の尊さと、本人が生き抜く気概に感動する。この姿で三度の結婚（夫の死別）をし、子育てをしたら偉人となった。この世に生を受けた以上、人間として生き抜いた。奇跡の努力を造った実話である。手足はなくも、子孫繁殖の条件をまっとうした。
耳・目・口が効かずとも、世の人々を救世したヘレンケラー女史が、日本に来て、中村久子に脱帽したという。

⑻⑻⑺ ヘレンケラー　中村久子を　絶讃す
不幸と名誉の　最高保持者

⑻⑻⑻ 二才にて　手足切断　達磨娘が
世人を感動　再度の子育て

手足を失いて更に書家となり、更に又子育てまでしたその気概に驚嘆する。成せばなる！　これが人間条件の第一歩です。

⑻⑻⑼ 手足なき　子供育てる　親悲哀《おやひあい》
親子が共に　生き抜く妙技

両手足を切断しても、一人立ちして生き抜くために母は言う「手足がなければ口を使え」と！　心で泣きつつも、我なき後にもその身で生き抜くための、戒しめの愛の鞭なり。

母また強し‼

（二）「目は亡くも　王者となりて　ピアノ弾き
母への感謝　鏡の心」

この過酷なる天災少年を誰か賞賛し喜こばぬものがあろうか。目が見えなければ、その見えぬ視力の部を活かして聴力に加勢し集中し普通人には出来ない超能力者に成長した。

人間、五体に欠陥が生じたとしても、他の部位がより以上の能力を発揮するものである。辻井伸行少年は、日本発・世界のピアノ最高の賞を得た。この天災努力の根源を、母への感謝で表現した。更に立派なことに、子孫の繁殖結婚までを宣言し、人間たるの条件を発揮した。

⑻⑼⑽ 生みし子は　全盲なれど　人の道
　　更に前進　気概に感動！

⑻⑼⑴ 天才と　努力の中の　泉から
　　人に知れない　熱意の創意

⑻⑼⑵ 人は持す　心の表れと　傷害を
　　旨く制御し　生き抜いている

⑻⑼⑶ 傷害は　影を潜めて　前に居る
　　生身の人生　常に気概を！

七. 他の惑星に「生物が存在するか」

(894) **他の星に　UFO《ユーフォー》あらば　ダーウィンの**
進化の論に　難が生ずる

他の惑星に生物の確認あらば、進化でなく熱と光の合成にて生物が湧出生誕論が生れることとなる。

(895) **人すべて、身・心・智能を　育みて**
「人間条件」果たすが使命

【人間条件大憲章において、人生最終段階の決断は、善しにつけ、悪しきについて「自分が自分を裁《さば》く」ことである。】人間細胞はさらに進化し、進保していくものである。

人間条件大憲章とは、人間の正体、使命、目的や生き様等の重要な「おきて」や「法則」をいう。

本書は、著者の記憶によるもので、数値は概数、内容は概要・虚構としてご配慮下されば幸甚です。

完

参考文献

・藤井　旭　　『宇宙の謎と不思議を楽しむ本』、PHP 研究所、2008年７月

・藤井　旭　　『宇宙への招待』KK 河出書房新社、2007年６月

・松本忠夫　　『生物界の変遷』放送大学教育振興会、2006年５月
　ほか２名

・竹内敬人　　『ダイナミックワイド図説化学』東京書籍 KK、 2003年４月
　ほか５名

・寺沢宏次　　『脳のしくみがわかる本』成美堂出版、2007年８月

・木屋　進　　『家訓入門』日本文芸社、S48年７月

・高木　隆　　『生きた言葉、365 話』日本文芸社、1964 年

・岩瀬順三　　『人を感動させる名文句』KK ベストセラーズ、1974 年

・星川清孝　　『菜根譚入門』日本文芸社

【御礼の詞】

多くの先学により、人間の正体を掴むことができました。明日知れぬ人の道に光を与えてくれたのは、これらの文献です。心から感謝申し上げます。

著者

推薦の言葉

群馬県渋川市塚越クリニック院長
医学博士　塚越秀男

本書は、人間各自が自分の生態を知り、自分の為すべきことに納得して行動するに十分なる基本的条件を揃えたもので、しかも和歌によって各自が自分の為すべき正しい道を理解しやすく説明されている。

大勢の人々が、自分を理解し信頼し合い相互に助け合う為の座右の書として応しい書としてお薦め致します。

人間の条件解説書　うたで綴る人生の指針

著者紹介　昭和３年　後閑　始　群馬県に生まれる。
昭和32年　日本大学卒　工学士
昭和36年　日本国有鉄道入社　学士
昭和39年　電気鉄道トロリー架線試験車開発
昭和47年　第一種電気主任技術者取得
昭和59年　(社)東京電気管理技術者協会
後閑電気管理事務所開設
平成11年　携帯用人工呼吸器開発
全国発明コンクール賞受賞
千葉県知事賞受賞
現在　千葉県船橋市に在住

発行日　2009年７月27日　第１版第１刷
著　者　後閑　始
監修者　(社)東京電技協　広報委員長　服部　守
本文中揮毫
日本総合書芸院理事　松尾右翠（著者の姪）
（中国交流墨美会指導員）
発行・発売　創英社／三省堂書店
東京都千代田区神田神保町１－１

ISBN978-4-88142-386-8 C0030
印刷・製本　日本印刷株式会社